생각이 많아질수록 실행이 답이다

생각이 많아질수록 실행이 답이다

나만 제자리인 것 같아
초조한 생각이 들 때
읽는 책

장경빈 지음

BM 황금부엉이

프롤로그

　1997년 IMF가 터졌을 때 누군가는 재기하기 어려울 만큼 가난해졌고, 누군가는 몇 대는 거뜬히 먹고살 만큼 큰 부를 이뤘다. 2020년 코로나로 인해 전 세계가 어수선해졌을 때도 누군가의 삶은 회복하기 어려울 만큼 피폐해졌지만 그만큼 많은 사람이 부자가 되었다. 앞으로 이런 현상은 더욱 잦아질 것이며, 세대를 거듭할수록 빈부의 양극화는 더 심해질 것이다. 비단 빈부격차뿐 아니라 정보, 인식의 차이, 세대별 성숙도 등 모든 면에서 말이다.

　그 과정에서 우리는 무엇을 해야 할까? 또 어떤 것을 배척하고 어떤 것을 새로이 받아들여야 할까? 우리가 현명한 판단을 하기 위해서는 가난했던 과거와 부를 추구하고자 하는 미래 비전을 동시에 가지고, 과거와 현재를 이을 수 있는 다리의 역할이 필요하다. 나는 이 책이 그러한 다리 역할을 했으면 하는 마음이다.

나는 고졸에 돈 없고 백 없는 환경에서 20대 중반에 억대 연봉, 불로소득을 창출하기 시작했으며 20대 후반이 된 지금은 나와 같은 후배들을 양성하는 사업을 하고 있다. 인생에서 누군가는 경제적 자유를 이루고, 누군가는 돈에 허덕이는 삶을 살아야 한다면, 모두가 경제적 자유를 이뤄 돈에서 자유로운 삶을 살고 싶을 것이다.

하지만 학교에서 혹은 부모님은 우리에게 부자가 되는 법을 가르쳐 주지 않았다. 오히려 안정된 삶이라는 마약과도 같은 것을 추구하도록 교육했다. 나도 예외 없이 그런 환경에서 자랐다.

그러나 일찌감치 '고정급, 정규직'과 같은 안정된 삶은 양날의 검이라는 것을 깨달았고, 24살의 어린 나이에 영업사원으로의 삶을 시작했다. 25살에 근로소득만으로 연봉 2억, 26살에는 연봉 3억을 넘어섰다. 이후 흔히 부자들만 가능할 것 같았던 돈이 돈을 불러오는 불로소득 시스템을 만들었으며 현재는 영업사원을 양성하는 회사와 PC방을 운영하고 있다. 다들 부러워하는 외제 차를 타고 한강이 보이는 아파트에서도 살고 있다.

이렇게 이루기까지 많은 어려움이 있었고 그간의 과정을 부정당하기도 했다. 부모님과 어른들에게서 "무모한 놈"이라는 이야기를 듣기 일쑤였으며, 친구와 동료들에게서는 "네가 얼마나 가는지 보자"라는 무시를 당했다. 시간이 흘러 결국 내가 옳았다는 것을 증명했고 지금 시대를 살아가는 젊은이들에게 여러분이 틀리지 않았다는 것을 말해주고 싶었다.

　2025년의 대한민국은 기존 '꼰대'라고 불리는 세대에서 'MZ'라고 불리는 세대로 변화하고 있는 역사적인 시기임이 분명하다. 더불어 사회 전반에 많은 변화가 일어나고 있다. 출근이라는 개념이 사라지고, 야근하는 회사는 안 좋은 회사라는 평을 받는다. 회사에서는 직급의 개념이 사라지고, 나이에 상관없이 서로를 닉네임으로 부르는 등 수직적이었던 과거 문화에서 수평적인 문화로 급변하고 있다. 또한 '고졸신화'라는 말이 없어졌을 정도로 학벌에 대한 중요도가 낮아지고 있으며, 젊은 창업가들의 성공 스토리가 셀 수 없을 만큼 많아지고 있다.
　하물며 더 이상 사람이 할 수 있는 일 중 기계가 하지 못하는 일이 없어질 정도로 모든 것이 자동화되어 가고, 수많은 일자리가 사라지거나 생겨나고 있다. 또 1인 가구가 폭발적으로 늘어났고, 자영업자의 비율이 OECD 국가 중 상위를 차지할 정도이다. 더불어 과거에는 단체생활의 중요성을 강조하는 사회였다면, 현재는 개인의 가치를 중요하게 여기는 형태로 인식이 변화하고 있다. 과거에는 무지개를 만들기 위해 한 집단에서 빨간색, 파란색, 노란색 등의 역할이 정해졌다면 현재는 한 사람이 무지개가 되기 위해 다양한 색의 모습으로 시시각각 변할 수 있게 된 것이다.
　이런 시기에 '우리'는 어떤 것을 추구해야 할까?
　여기서 '우리'는 3가지 세대로 분류할 수 있다. 흔히 말하는 꼰대세대와 지금의 2030세대 그리고 MZ세대로 말이다. 최근 들어 장난삼아 유행처럼 흘러들어 왔던 '꼰대'라는 말이 어느새 진지해지고 있다. 늙은 꼰대와 젊은 꼰대를 나누기도 하고, 일부의 사람들은 스스로를 꼰대라고 인정하기도 한다. 왜 이런 말들이 유행처럼 나타난 것일까?

나는 각 세대 간에 존재하는 간극 때문이라고 생각한다. MZ세대들은 '식당에 가서 직장 상사들이나 어른들의 물컵에 물을 따르지 않는 것을 지적하거나, 출근 시간에 딱 맞춰 출근하는 것을 지적하거나, 야근을 하지 않고 칼퇴근하는 것에 눈치를 주거나, 무엇 하나 꾸준히 하지 못하고 쉽사리 질려 한다고 혼을 내거나, 회식을 강요하거나, 하라는 대로 하지 않고 의견을 내세운다고 배척하는 사람'을 '꼰대'라고 구분지었다.

요새 꼰대들은 10~20대들을 이해하지 못한다. 세대 간의 명확한 간극이 존재한다. 과거에는 예를 중요시하는 동양 사상 때문에 선배 혹은 어른들과의 자리에서 예의를 지키는 것을 굉장히 중요하게 여겼고, 그런 선배들과의 자리에서 생활 속의 지혜 혹은 직장에서 살아남는 방법들을 배우기도 했다.

자가용이 흔치 않기도 했지만 지금처럼 교통정보 시스템이 발달하지 않았기에 일찍일찍 다니는 것이 습관이 되어 있던 세대이기도 하며, 업무를 하는 시스템이 팀 또는 집단의 규모로 진행되는 경우가 많아서 남에게 피해를 줄 수 없기에 야근을 자처하는 시대였다. 더불어 승진이 수월했고 결과에 대한 보상 또한 확실했기에 하나를 하더라도 꾸준히 할 수 있었다.

그런데 요즘 MZ세대들은 어떠한가?

서양 문화를 받아들이다 보니 개인주의적 성향이 강해지고 있다. 여러 사람과 함께 스트레스받으며 밥 먹는 것보다는 혼밥을 더 편하게 생각한다. 혼밥하는 손님만 받는 식당, 혼카페, 혼술 등 '혼자'라는 키워드가 삶의 많은 부분에 자리 잡았다. 어릴 때부터 치열한 경쟁사회를 경험하다 보니 남을 배려하고 챙기는 것에 둔감하고 귀찮다고 여길 수밖에 없다. 내가 살아남아야 하기 때문이다.

인터넷의 발전으로 선배의 도움 없이 내가 맡은 업무에 대한 전문적인 지식을 충분히 공부할 수 있다. 오히려 5년 먼저 직장에 취업한 선배보다 유튜브, 네이버가 더 전문적일 때도 있다. 개인의 가치가 중요해지다 보니 자기계발에 전념하는 세대이다.

이렇듯 꼰대와 MZ는 서로 살아온 환경이 너무나도 다르다. 서로를 이해할 수도 인정할 수도 없다. 그래서 나는 이 두 세대의 다리 역할을 할 수 있는 2030세대가 중요하다고 생각한다. 꼰대세대의 잔재가 남아있으며, MZ세대를 받아들일 수 있는 그런 세대인 것이다. 이 책은 2030세대를 위한 책이며, 꼰대와 MZ를 위한 책이기도 하다.

나는 학벌을 중요시하는 부모님과 지식 수준이 높은 동네의 영향을 받았지만, 현실을 고려해 특성화 고등학교에 입학했고, 고등학교 3학년인 19살 여름방학 무렵 첫 직장에 취업했다. 남자라면 모두 다녀오는 군대를 평범하게 다녀왔고, 복무기간을 마친 23살에 다시 직장에 취업했다.

한 직장을 꾸준히 다녀서 명예퇴직하는 게 정답이라는 부모님의 가르침에 19살부터 24살까지 한 직장만을 다녔지만, 세상은 바뀌고 있다는 가치관의 변화로 인해 24살에 직장을 그만두고 영업사원으로서의 삶을 시작했다. 그렇게 3년, 많은 어려움을 뚫고 결국 큰돈을 벌었다. 만족감은 있었지만 더 큰 꿈을 위해 27살에 영업회사를 설립하고 불로소득을 위한 사업으로 PC방을 오픈해 운영 중이며 더욱 빠른 속도로 성장하기 위한 밑그림을 그리는 중이다.

이 과정에서 현시대를 살아가는 모두에게 가장 필요하다고 생각되는, 내가 느낀 것들을 공개함으로써 모두가 성공했으면 좋겠다는 마음에 이 책을 쓰기로 했다.

'무모한 놈.'

16살부터 현재까지 살면서 가장 많이 들은 말이다. 부모님, 친구, 직장 상사 하물며 인친들에게까지 아주 다양한 사람들에게 들었다. 그것도 적지 않게.

내 어린 시절의 관심사는 딱 하나였다. 엄마가 힘들지 않게 빨리 돈을 벌고 싶다는 생각. 중학교 3학년이 되던 해에 담임 선생님과의 면담에서 부모님과의 상의도 없이 이렇게 이야기했다.

"선생님, 저는 무조건 취업을 빨리 할 수 있는 고등학교로 가고 싶습니다!"

그렇게 나는 특성화 고등학교에 진학했다. 전교생 364명 중 362명이 근처 인문계 고등학교로 진학한 것을 보면 무모한 도전은 맞았던 것 같다. 부모님은 학벌에 대한 열등감이 강해서 자신들과 한마디 상의도 없이 선택한 특성화 고등학교 진학에 큰 충격을 받으셨고 꽤 오랫동안 나무라셨다.

3년에 가까운 고등학교 생활을 보내고 19살이 되던 해 7월, 연소근로자 전형으로 직장이 취업했다. 그때 면접 합격 소식을 부모님께 전했더니 돌아온 첫마디가 "무모한 놈"이었다. 하나밖에 없는 아들놈 대학 보내겠다고 뒷바라지했더니 부모 마음도 모르고 불효를 저질렀다고 하셨다.

그때의 나는 내 마음의 본질이 왜곡되어 부모님께 전달된 듯해서 굉장히 슬펐고 그것이 반항심으로 표현되었다. 2년여간의 첫 직장생활을 마무리하고 군대에 다녀와 '제대하고서라도 대학에 갔으면 한다'는 부모님의 요청을 뒤로하고 제대한 다음 날부터 다니던 회사에 재입사했다. 이때 부모님께 들었던 이야기도 "무모한 놈"이었다.

회사에서는 매번 상위권 실적을 놓친 적이 없었고, 매달 우수사원 목록에 이름을 올렸다. 직장 상사들의 총애를 듬뿍 받으며 최연소 대리 타이틀까지 얻었다. 나는 전생에 청개구리였을까? 참 웃기게도 이때쯤 잘 다니던 직장을 그만두고(심지어 대기업에 속하는 직장) 보험영업을 하겠다며 직장 상사와 부모님, 친구들에게 선언하고 바로 사표를 냈다. 이때 단 한 명에게도 빠짐없이 "무모한 놈"이라는 소릴 들었다. 심지어 내 결정이라면 한 번도 반박해본 적 없는 10년지기 초등학교 친구마저 나에게 독설을 내뿜었다.

그 이후 회사 설립, 개인 사업 등 20대 후반까지 살아오며 한 모든 결정에 있어 "무모한 놈"이라는 이야기를 질릴 정도로 들었다. 나는 왜 그토록 "무모한 놈"이라는 이야기를 들어가면서 남들이 가지 않는 길을 걸어왔을까?

나는 남들이 아직 깨닫지 못한 진리 한 가지를 일찍 깨우쳤다. 내가 무언가를 한다고 선언했을 때 과반수 이상이 "무모한 놈"이라고 말하면 그 선택은 무조건 성공할 수밖에 없는 것이구나 하는 것을 말이다. 이젠 누군가가 나의 선택을 반박하면, 즐겁고 설렌다. 이 선택 또한 성공하겠구나 하는 자신감이 생겨서 기쁘다.

내가 이 책을 통해 전달하고 싶은 메시지는 단순하지만 복잡하다. 꼰대 같지만 MZ스럽다. 당연한 소리이지만 다수가 지키지 않는 것들이다. 즉, 내가 해온 것들은 남들도 할 수 있다는 이야기를 전달하고 싶다. 또 모두가 할 수 있지만 누구나 할 수 없다는 이야기도 전달하고 싶다.

  본인이 깨어있는 사람이라면 열려있는 마음으로 책을 읽어나가 보기를 바란다.

차례

프롤로그   4

PART 1.
대부분의 사람은 기분이 나빠질 이야기

비행기가 추락해도 혼자만 살아남을 거라는 착각은 버려라	20
생각만 많아도 망하고, 말만 많아도 망한다	28
어떻게든 되겠지 하다가 아무것도 안 된다	32
일을 위한 일을 하고 있다면 당장 때려치워라	35
시간이 부족하다는 거짓말을 그만둬라	40
부지런함과 성과는 비례하지 않는다	44
어제는 내일부터 하겠다고 했잖아요	49
시계만 보지 말고 시곗바늘처럼 일하라	52
MBTI에 자신을 가두지 마라	55

PART 2.
성공하려면 '나의 탓'을 하고 '남의 덕'을 알아야 한다

버릇없는 것과 자신감 있는 태도는 엄연히 다르다	60
1,000번의 실패를 빠르게 사용하라	64
스트레스를 구분하라	69
꿈을 이룰 자격을 갖춰라	74
진부하지만 항상 최선을 다해라	78
모든 답은 이미 내 안에 있다	82
많이 듣고 나의 말은 아껴라	85

PART 3.
지금은 너무나도 성공하기 쉬운 세상

정직함이 특기가 되고, 성실함이 무기가 되는 이상한 세상	92
평범함을 인정하는 순간부터 비범해진다	96
성공하는 사람들은 다 이유가 있다	101
도대체 무엇이 우리가 최선을 다하는 데 방해가 되는가?	106
자기애를 벗고 사고를 전환해야 한다	111
기회가 화살처럼 쏟아지는 세상	115

PART 4.
인생에서 절호의 기회는 한 번이 아니다

기회는 준비된 자의 눈에만 보인다	120
노력은 설명하는 게 아니라 증명하는 것이다	123
핑계로 성공한 사람은 대한민국에 김건모밖에 없다	130
이상에 취하지 말고 일상에 몰두하라	134
신은 성공이라는 선물을 시련이라는 포장지에 감싸 보내준다	138

PART 5.
당신이 이 사실들을 받아들이면 인생이 바뀐다

감성적인 판단은 때때로 일을 그르친다	144
세상에 완벽한 사람은 없다	148
놓을 줄도 알아야 한다	152
말의 힘을 전적으로 믿어라	157
인간관계에 일방통행은 없다	161
현재의 나는 과거의 내가 만든 것이다	164

PART 6.
직장이 아닌 직업을 가져라

일이란 해내기 전에는 언제나 불가능해 보이는 법이다	170
워라밸이라는 말은 없어져야 한다	173
부자가 되기 싫은 사람은 없다	176
우리는 회사의 소모품이 아니다	180
나답게 일하는 방식을 정하라	184
진짜 실패는 도전하지 않는 것이다	188
직장이 아닌 직업을 가져라	192

에필로그	197

PART 1.

대부분의 사람은 기분이 나빠질 이야기

비행기가 추락해도
혼자만 살아남을 거라는
착각은 버려라

　대한민국의 아직 성공하지 못한 대다수의 2030세대는 단단히 잘못된 착각 속에 빠져 살고 있다. 그럴듯한 계획만 세우고 실행하지도 않은 채 그저 그렇게 살다 보면 성공이 눈앞에 다가올 거라는 착각 말이다. 그중 대부분의 사람은 실행이랍시고 어쭙잖게 도전했다가 원하는 만큼의 결과가 나오지 않는다고 세상 탓을 하며 쉽사리 포기하고 성공한 사람들을 의심한다. '아마 저 사람은 합법적이지 못한 일로 성공했을 것이고, 분명 편법을 썼을 것이다' 하는 등의 불신 말이다.

　특히 자기계발이 유행인 지금 너 나 할 것 없이 모두 운동(헬스)에 빠져 산다. 인스타그램에 '오운완(오늘 운동 완료의 줄임말)'을 인증하면서 말이다. 그런데 이런 사람들도 운동을 끽해야 몇 달 하고는 몸이 변화하지 않는다며 쉽사리 포기한다. 그러고는 몸이 좋은 사람들에게 스테로이드 쓴 거라고 욕을 한다.

또 나머지 한쪽은 세상이 너무 각박하고 시대를 잘못 타고났다며 그저 하루하루 방탕하게 즐기며 살아간다. 본인을 욜로족이라고 정신자위하면서 말이다. 이런 행위들을 심리적·정신과적 표현으로 '자의식 과잉'이라고 한다.

『역행자』라는 책에서는 이런 자의식을 '사람을 헤어나올 수 없는 구렁텅이에 빠트리는 쓰레기만도 못한 것'이라고 표현하고 있다. 그의 주장처럼 성공하기 위해서는 **일차적으로 '자의식 해체'가 절대적으로 필요하다.**

본인이 20대, 30대를 지나고 있지만 이뤄놓은 것 하나 없으며, 명확히 구체적인 목표조차 없이 그저 하루하루 버티는 식으로 살아가고 있다면 필히 자의식 과잉 상태로 살아가는 것이 아닌지를 냉정히 되돌아볼 필요가 있다. 감히 예상컨대 이 책을 읽는 2030세대 중 자의식 과잉이 강한 사람 10명 중 9명은 여기서 책을 덮고 '뭐 이딴 책이 다 있어?' 하면서 욕을 할 것이다.

대부분은 본인이 열심히 살아간다고 생각하며 그것을 자신감이라고 여길 것이다. 본인 스스로를 사랑하는 마음, 즉 자존감이 높다고 표현하며 자신에게 굉장히 관대하니까 말이다. 하지만 그들이 생각하는 자존감, 자신감은 정의부터가 틀려먹었다. 조금 더 자세히 설명하면 자의식과 자존심, 자존감은 모두 다른 말이다.

사람에게는 자의식과 무의식이 있다. 자의식은 스스로 통제가 가능하지만, 무의식은 스스로 통제하기가 쉽지 않다. 우리는 롤러코스터를 탈 때 안전장치가 우릴 지켜줄 것을 인지하고 타지만 높은 곳에서 떨어질 때는 소리를 지르거나 눈을 질끈 감는다. '이 높이에서 떨어지면 죽어'라고 무의식이 이야기하기 때문이다. 사람은 이 무의식을 통제해야지만 언제라도 부정적 감정에서 헤어나올 수 있으며 매 순간 올바른 선택을 할 수 있는 확률을 높일 수 있다.

이 무의식을 통제하는 방법은 2가지가 있다. **스스로에게 끊임없이 이야기하며 자기암시를 하거나, 무식할 정도로 같은 행위를 반복하는 것**이다. 예를 들어, 본인이 부정적인 사람인데 긍정적인 사람이 되고 싶다면 매일 습관적으로 '나는 긍정적이야, 모든 일은 다 그럴 수 있어, 나에게 일어나는 일은 전부 다 기분 좋은 일이야' 하며 지속적으로 말해주는 것이다.

또 평소 사소한 일에 신경질을 잘 낸다면 기분이 나빴던 일을 반복하며 웃는 것이다. 만약 본인이 물을 쏟았을 때 갑자기 버럭 화가 난다면, 일부러 물을 쏟으면서 웃어보는 것이다.

대부분 무의식을 통제하려는 사람들은 이 2가지 행동을 한두 번 해보고는 '이게 뭐야? 아무 효과도 없잖아!'라며 그만둔다. 하지만 **1주일, 1달 정도의 시간을 두고 지켜나갔을 때 기적과 같은 일이 생겨난다.** 어느 순간 자기암시를 하지 않아도 스스로에게 긍정적인 이야기를 해주는 자신을 발견할 수 있으며, 전에는 기분 나빴을 일을 겪어도 '그럴 수 있지' 하고 대수롭지 않게 생각하게 된다.

며칠 해보지도 않고 효과가 없다고 치부해선 안 된다. 처음부터 모든 걸 다 잘하는 사람은 없다. 실제로 나는 아침에 일어나 샤워를 할 때 자기암시 음원을 틀어놓고 20분간 자기암시를 한다. '나는 최고야, 나는 돈이 따라오는 사람이야' 하고 말이다.

또 자존심과 자존감은 다르다. 예를 들어, 몸이 왜소한 남성이 웨이트 트레이닝을 목적으로 헬스장에 등록했다고 치자. 헬스 트레이너에게 PT를 받고 있는데 맨몸운동과 핑크 덤벨로만 운동을 시킨다고 가정해보자. 이때 자존심이 강한 사람은 이렇게 생각한다.

'남자가 핑크 덤벨 들고 있으면 무시하지 않을까?'

'내가 몸은 이래도 생각보다 힘이 센데 왜 머신으로 알려주지 않지? 이 헬스 트레이너는 시간만 때우려는 거 아냐?'

지극히 멍청한 생각이 아닐 수 없다. 전문가인 헬스 트레이너 입장에서는 겉으로 보이는 왜소한 몸과 인바디를 기준으로 신체를 분석해서 맨몸운동부터 기초근력을 키워야 한다는 판단이 있었을 것이다.

꼭 이렇게 자존심이 강한 부류의 사람들이 모든 헬스 트레이너를

무능력한 사람으로 취급하며 유튜브로 어쭙잖게 공부한다. 본인이 듣고 싶은 말만 해주는 영상들을 찾아보며 '아, 역시 남자는 중량이지' 하면서 말이다. 꼭 그런 사람들은 2주일이면 헬스장에서 안 보이기 시작한다.

반면 자존감이 높은 사람은 이런 상황에 전혀 개의치 않는다. '아, 내가 아직 기초근력이 부족해서 그렇구나. 내가 빨리 머신 트레이닝으로 넘어가고 싶으면 주에 2회 PT를 받는 시간 말고도 집에서 개인적으로 하루에 푸시업 100개씩을 어떻게든 해야겠다'며 오히려 본인의 상황을 인정하고 대책을 마련한다.

이처럼 스스로가 정의하는 자존심과 자존감의 의미를 재정립할 필요가 있다. 내가 정의하는 **자존심은 '체면을 위한 억지스러운 마음'**이며 **자존감은 '남들이 뭐라 해도 스스로 발전하기 위해 내가 나를 믿는 마음'**이다.

여러분은 비행기가 추락해도 혼자만 살아남을 거라는 착각을 하고 사는 부류의 자존심이 강하고 자의식 과잉에 사로잡혀 있는 사람인가, 무의식을 통제해 부족함을 인정할 줄 알고 냉정히 본인을 바라보는 능력이 탑재된 자존감 높은 사람인가?

대부분의 사람이 말하는 '꼰대'라는 세대는 새로운 것을 받아들이는 것에 굉장히 부정적인 세대이다. 변화에 두려움이 강하고 혁신에 대한 정신이 없으며 안주하는 것에 익숙하다. 자식들에게는 돈에서 자유로워져야 한다고 가르치고, 대학은 필수라고 교육하며, 공무원이 되거나 대기업에 들어가야 한다고 강조한다. 창의를 배척하고 새로운 것을 시도하려고 하는 젊은 세대들을 부정한다. 이런 일련의 마인드를 강요하는 사람들이 흔히 '꼰대'라고 불린다. 부모님 세대라고 해서 모두 꼰대는 아니다.

셀트리온을 창업한 서정진 회장은 대우그룹의 임원직에 있었다. 최연소 임원이었고 적지 않은 보수를 받았다고 한다. 그러나 IMF가 터지면서 1999년 12월, 45살에 해외자금조달을 원인으로 경영에 책임을 지고 대우그룹을 퇴직했다. 보통의 사람이라면 대기업에서 받던 임원으로서의 처우와 명예를 놓지 못해서 타 대기업에 지원하려고 했을 것이다. 하지만 마흔이 넘은 나이에 자본금 5천만 원을 가지고 약학, 의학, 생명공학을 독학하여 11년 만에 대한민국에서 1등 가는 제약법인을 설립했다.

이렇듯 변화를 받아들이고 과거에 안주하지 않는 사람들까지 나이가 많다고 해서 모두 꼰대는 아니라는 것이다.

같은 맥락으로 요즘 MZ세대라 불리는 사람들은 과거를 부정한다. 선진국 반열에 들어선 우리나라지만 과거 세대들이 이뤄놓은 모든 것들은 구식이고 불합리하다고 치부해버린다. 30분 먼저 출근해서 업무를 준비하는 과정을 손해 본다고 생각하며, 선배 또는 동료들의 이야기에 무조건적으로 반박하려는 성향이 강하다. 또 본인 능력은 생각하지 않고 무조건 연봉이 높고 복지가 좋은 회사만을 택하려 한다. '해보고 안 되면 말지'식의 책임감 없는 행동과 타인을 배려하지 않는 언행을 아무렇지도 않게 일삼는다.

물론 현시대의 뛰어난 MZ세대들은 도전하는 것에 두려움이 없기 때문에 새로운 개념을 제시하는 경우들도 많다. 10대부터 사업을 시작해서 이른 성공을 이룬 사람들도 적지 않으며, 더 이상 학벌에 휘둘리지 않고 개인의 능력을 앞세워 세상을 바꿔나가는 사람들도 늘어나고 있다. 더불어 무조건적으로 회사나 선배의 지시에 따르는 것이 아닌, 창의적인 판단으로 옳고 그름을 보다 정확히 선별할 수 있고, 어떠한 프로젝트에서의 실패 확률을 이론적으로 줄여나갈 수 있는 능력을 가진 세대이다. 다만, 불만만 많고 남을 인정하지 않으며 역사를 부정하고 미래를 받아들이지 않는 세대들에게 꼰대 혹은 MZ세대라는 말이 부정적으로 적용되는 것이다.

이 글을 읽는 10명 중 9명은 기분이 나쁠 것이고, 1명은 고개를 끄덕일 것이다. 기분이 나쁜 9명은 흔히 '꿀 빤 세대'인 꼰대 혹은 '시대를 잘 만난' MZ일 가능성이 높다. 나는 이들이 **자존심을 내려놓고 변화를 받아들이지 않는다면 현재와 별반 다를 바 없는 삶을 살 것**이라고 장담할 수 있다. 그러니 내가 탑승한 비행기가 추락해도 혼자만 살아남을 거라는 착각은 일찌감치 버려라. 세상은 생각보다 잔인하고 각박하다. 울상하고 있다고 해서 진심으로 누군가 나를 위해 해결법을 제시해주지 않는다. **스스로가 변화하는 미래 혹은 다가올 위기에 대비할 수 있는 방도를 마련해놓지 않으면 도태되기 마련**인 것이다.

**준비 없이 맞이한 위험보다
무서운 재앙은 없다.**

생각만 많아도 망하고,

말만 많아도 망한다

 시니컬한 태도를 고수하며 세상은 다 내 손바닥 안이라는 말투와 눈빛으로 조언을 일삼는 이들이 있다. "그건 그래서 안 되고, 저건 저래서 안 돼"라는 궤변을 늘어놓으면서 말이다. 내가 "이런 걸 할 거고, 저런 걸 할 거야. 그래서 지금 이 정도의 일을 진행하고 있어"라고 이야기하면 응원을 해주지는 못할지언정 그 일이 어떻게 망할 것인지에 대한 저주를 퍼붓기 더 바쁘다. 99가지의 불가능한 이유가 있더라도 1가지의 가능할 만한 이유가 있다면 응원해주어야 하는 게 도리이건만 그들에게는 그 99가지의 성공할 만한 이유가 있더라도 1가지의 불안 요소가 있다면 그것을 지독히도 파고들어 비난하기 바쁘다. 그러면서 본인들은 굉장히 분석적이고 세상을 다 안다는 듯 행동한다. 실상 그들의 삶을 들여다보면 내실이 없다.

반대로 계획은 그럴싸하고 시작하기 전부터 이른바 계획만 무자비하게 세우는 이들도 있다. 예를 들어, 180cm에 60kg이라는 신체조건을 가진 남성이 있다고 가정해보자. 이 남성이 웨이트 트레이닝을 시작하기 위해 운동을 잘하는 친구에게 가서 본인이 정리한 계획표를 보여준다. "이론적으로 하루에 몇 칼로리를 몇 끼에 나눠 섭취하고, 운동을 너무 오래 하면 근손실이 발생하니 하루에 운동은 50분만 하며, 일주일에 5일 운동하고 그중 5분할 운동법을 채택하여 어쩌구 저쩌구…"라며 신나게 본인이 정리해온 것을 친구에게 보여준다. 친구는 딱 한마디로 묻는다.

"그래서 너 저번주에 운동 얼마나 했는데?"

"나? 이틀인가? 아니, 저번주는 회식도 있고 저녁에 야근도 해서 너무 피곤해서 많이 못 갔어."

친구는 한숨을 쉬며 이렇게 말한다.

"그냥 일주일에 하루 쉬고 6일 동안 헬스장이 아니더라도 꼭 팔굽혀펴기 100개, 스쿼트 100개, 윗몸일으키기 100개, 턱걸이 100개씩 6개월 동안 해. 그 이후에 지금처럼 식단 관리하고 운동법을 수정하는 게 더 좋아."

남성은 속으로 생각한다.

'그렇게 간단한 걸 누가 모르냐? 나를 무시하나? 두고 보자. 내가 열

심히 해서 언젠가 저 녀석의 코를 납작하게 만들어줄 테다.'

실제로 이 남성은 친구보다 더 멋진 몸을 가질 수 있을까? 물론 모든 사람을 일반화하는 것은 아니다. 하지만 그렇지 못할 확률이 훨씬 높다. 안타깝게도 대부분의 사람이 생각만 많거나 말만 많은 경우가 흔하다. 잔인하지만 이 글을 읽고 있는 당신조차 그럴 가능성이 있다.

물론 모든 일을 하는 데 있어서 계획은 중요하다. 그래야 오류가 줄고 목적지까지 도달하는 데 더 수월하지 않겠는가? 하지만 계획만 평생 해서 뭐 하겠는가. 넘어지더라도 실행을 해보고 수정·보완해 나가는 것이 더 중요하다.

반대로 아무 계획 없이 무작정 '일단 해보자'식의 실행만 하며 무의미하게 시간을 보내는 사람들도 있는데 정리해서 말하자면 **철저한 계획'보단 '도전적 실행'이 더 낫고, '무모한 실행'보단 '대비적 계획'이 더 낫다.** 꼰대와 MZ가 비판받는 이유도 그러하다. 본인의 것을 고집하며 남을 폄하하는 행위가 잘못된 것이고, 과거의 것을 부정하며 미래의 것만 인정하니 욕을 먹는 것이다.

세상에는 양과 음이 있다. 선과 악이 있고, 남과 여가 있다. 흑과 백이 있으며, 열과 냉이 있는 것이다. 무조건 내가 맞는 건 없다. 하찮은 것에도 배울 점이 있고, 누군가가 결과물을 만들어 냈다면 그 과정에서 무조건 배울 점이 있다.

능률이 높고 현명한 사람은 어떠한 일을 시작하기 전에 큰 틀의 계

획을 세우고 당장 해나가야 할 몇 가지 정도의 계획만 세운다. 이후 빠른 실행을 통해 실패를 경험하고, 그 경험을 양분 삼아 결과물들을 발전시킨다.

처음부터 완벽한 계획은 없다. 성공한 모든 이들의 연습장은 낙서 투성이이고, 스포츠 경기 중 MVP를 수상하는 선수의 유니폼은 더러워져 있는 법이다. 인생은 계산보단 발로 뛰어서 얻을 수 있는 것이 있고, 때론 몸보단 머리로 문제를 해결할 때도 있는 것이다. 규칙과 융통성이 적절히 섞였을 때 비로소 멋진 결과물이 완성된다는 뜻이다.

**'철저한 계획'보단 '도전적 실행'이 더 나을 것이며,
'무모한 실행'보단 '대비적 계획'이 더 나을 것이다.**

어떻게든 되겠지 하다가

아무것도 안 된다

　인생에도 기승전결이 있다. 만리장성도 벽돌 하나부터 시작되고, 히말라야 완등도 첫걸음부터 시작된다. 롯데타워도 첫 삽부터 시작되었다. 그런데 연령을 불문하고 아직도 많은 사람이 대책 없이 살아간다. 이건 계획이 없다는 말과는 엄연히 다르다.

　우리나라 고등학생 중 52%는 장래희망이 없다고 한다. 장래에 원하는 직업을 가지기 어려운 환경에 놓여 있는 것도 어른으로서 어느 정도 인정하는 바이기 때문에 장래희망이 없다는 것 자체를 질타하거나 비난하고 싶은 생각은 없다. 다만, **장래희망이 없더라도 앞으로 내 삶을 어떻게 꾸리고 살아갈 것인가에 대한 생존 대책 정도는 마련해야 한다.**

국민MC이자 유느님으로 불리는 개그맨 유재석은 여러 인터뷰에서 진행자들이 향후 몇 년 뒤 계획에 대해 질문을 하면 항상 "당장 내일 계획도 없다"고 대답한다. 오늘 하루를 살아가기도 벅차기 때문이라고 하면서 말이다. 나도 동의하는 부분이다.

수많은 동기부여 유튜브, 유명인들의 연설을 들어보면 꼭 목표를 크게 잡아야 한다고 이야기한다. 꿈이 커야 깨졌을 때 조각도 크다면서…. 또 어떤 사람은 계획이 없으면 망한다는 식으로 이야기한다. 물론 틀린 말은 아니지만, 나는 10명 중 특별한 재능을 가진 1~2명만이 인생을 계획할 수 있고 그 계획대로 살아갈 수 있다고 생각한다. 우리처럼 절대다수의 평범한 사람 8~9명에게는 들어맞는 소리가 아니다. 그러니 계획을 세우지 못하고 있거나 장래에 희망이 없다고 해서 자책하거나 스스로에게 실망할 필요는 전혀 없다고 이야기해주고 싶다.

다만, 착각하지 말아야 할 것은 있다. 계획이 없거나 장래에 희망이 없다고 안심해도 된다는 뜻은 아니다. **내가 살아가는 데 있어서 적어도 생존에 위협을 받지 않을 만한 대책은 필수적으로 세울 수 있어야 한다.** 장래희망이 없다고 집에 가만히 누워서 게임만 하고 이불 덮고 하루 종일 귤만 까먹고 있어도 된다는 소리가 아니라는 것이다.

기본적인 기초 생활을 유지하기 위해서라도 직업은 있어야 한다. 그 집단 속에서도 내 직업의 수명을 지키기 위해서는 살아남아야 하니 매 순간 발전해야 하고, 내 직업을 평생 할 수 있을 것인가 하는 고민을 하며 승진이나 이직을 노려야 할 것이다. 더불어 월급을 저축한 돈으로 편안하게 살아갈 수 있도록 새로운 부가 수입을 창출할 방도를 마련해야 할 것이고, 그 순간에서도 위험과 리스크에 대비하기 위해 공부해야 할 것이다.

이것이 이야기의 핵심이다. 살기 위해 계획한 일들을 지켜나가다 보면 아주 작은 목표들이 생겨나기 마련이다. 그리고 필연적으로 매 순간 최선을 다해야 한다. 그럼 '최선=대책=계획'이라는 공식이 성립된다. **인생의 대책과 계획은 최선이라는 공식으로 이루어진다. 그러니 매사에 최선을 다해라.** '어떻게든 되겠지' 하다가는 아무것도 안 된다. '어떻게든 해야지' 정도는 해야 뭐라도 된다는 것을 유념해야 한다.

호랑이굴에 들어가도 정신만 차리면 산다는 속담이 있다. 인생에 계획 없이 사막 한가운데 떨어졌더라도 당장 어떻게 살아갈 것인가에 대한 대책이 뚜렷하다면 멈추지 않고 걸어가 오아시스를 발견할 수 있다. 결과라는 열매는 우리에게 저절로 찾아와주지 않는다. 내가 어떻게든 발버둥치며 살아남고 싶다고 세상에 소리칠 때에야 비로소 결과라는 열매가 우리에게 다가와주는 것이다.

입 벌리고 있으면 하늘에서 먹을 것이 떨어지는가?

일을 위한
일을 하고 있다면

당장 때려치워라

　직장인 대부분은 업무 시간의 60%를 중요한 업무가 아닌 '일을 위한 일'을 하는 데 쓴다. 불필요한 미팅, 중복된 업무, 업무에 관한 잡담, 과거 서류를 찾는 행위, 불필요한 보고 등에 말이다. 한 번도 이런 방식의 사고를 해본 적이 없는 사람이라면 이해하기 어려울 수도 있다.

　조사에 의하면 직장인의 80%는 업무를 수행하다 '번아웃'이 올 것 같다고 이야기했으며 대부분이 그 원인으로 '스트레스'를 꼽았다. 그리고 그 스트레스의 원인은 업무의 불명확성과 조율의 부재를 꼽았다. 한 가지 예를 들어보겠다.

　회사에서 외주업체 관리를 담당하는 한 사원이 10개의 계열사들과 소통을 하기 위해 각각 다른 채널을 사용한다고 가정해보자. 이메일, 카카오톡, 네이트온, 텔레그램 등으로 말이다. 이후 계열사들과의 소통 내용 및 진행 상황 등을 상사에게 보고하기 위해 서면으로 서류를 준비한다. 보고서를 준비하는 진행 과정이 순조롭게 이뤄진다면 문제가 되지 않겠지만 보통은 수많은 문제가 발생하기 마련이다.

소통하는 각각 채널들의 계정 비밀번호를 분실해서 찾는 데 시간이 소요될 수도 있고, 각 채널의 점검 및 오류 등으로 연락이 되지 않을 시 비상 연락 채널로 동기화해야 할 수도 있다.

그다음 각 계열사로부터 받은 각각의 양식들을 한 가지의 양식으로 통일하기 위해 문서 작업을 한다. 거기서 끝나는 것이 아니라 작업한 문서를 인쇄해 결재 서류철에 수작업을 할 것이다. 여기서 문제가 발생하지 않는다면 상관없겠지만 프린터에 문제가 생길 수도 있고 회사에 A4용지 혹은 잉크가 없을 수도 있으며, 다른 직원이 복사기를 사용하고 있어서 시간이 지연될 수도 있다. 이런 일련의 과정들이 '일을 위한 일'을 한다고 표현한다.

나라면 가장 첫 번째로 일련의 과정을 '성과를 위한 일'을 하기 위해 변화시킬 것이다. 먼저 각 계열사들과의 소통 방법을 이메일로 통일할 것이다. 해당 이메일의 기본 발송 양식에는 각 계열사들의 업무 시작 시간과 마감 시간을 기입해놓고, 비상연락처, 정/부 담당자를 기재해놓을 것이다. 이후 매일 아침 각 계열사에게서 전달받은 이메일 내용들을 타인과 공유하기 위해 실시간으로 확인이 가능한 구글 드라이브 또는 에버노트 등을 활용하여 업데이트한다. 그리고 해당 링크를 상위 보고자에게 공유할 것이다. 이렇게 되면 앞서 여러 가지의 과정에서 발생할 수 있는 시간의 로스를 줄일 수 있으며 불필요한 조율이 필요 없어질 것이다. 하지만 이 내용을 쭉 읽어내려간 직장인들은 이렇게 생각할 것이다.

'직장을 안 다녀봐서 철없는 소리 하네. 우리 팀장이 무조건 출력해서 보고하라고 하면 어떻게 할 건데?'

'계열사들이 메일을 사용하지 않고 무조건 텔레그램 같은 메신저 앱을 사용하겠다고 하면 어쩔 건데?'

어느 정도는 인정하는 부분이다. 아직도 대한민국의 많은 기업과 그 안의 담당자들은 '성과를 위한 일'의 방식을 채택하지 않고 '불필요한 과정을 체크하는 일'을 하기 때문이다. 그렇다 해도 평생 업무 시간의 60%를 불필요하게 '일을 위한 일'을 하며 보낸다는 것은 본인의 발전을 위해서라도 이제 그만 멈춰야 한다.

최근 크게 성장하고 있는 스타트업 혹은 선진형 기업들의 경우 '업무관리 플랫폼'이 굉장히 체계적으로 이루어져 있다. 온라인을 통한 보고체계 형성, 이메일을 통한 소통 등으로 말이다. 하지만 여기서 한 가지 짚고 넘어가야 할 참 안타까운 사실이 있다. 본인이 의지가 있다면 충분히 건의해볼 수 있는 개선점들이지만 대부분의 직장인은 눈치

껏 '시간을 때우기 위한 일'을 하는 본인을 베테랑이라고 착각하며 개선하려 하지 않는다는 점이다.

9 to 6(오전 9시에 출근하고 오후 6시에 퇴근한다는 뜻)와 같이 근무 시간이 정해져 있기에 대부분의 직장인은 2시간이면 마무리 지을 수 있는 일을 늘리고 늘려서 8~9시간 동안 한다. 그것도 굉장히 바쁜 척을 하면서 말이다. 업무를 하다가 지인과 연락을 주고받거나 SNS에 퇴근하고 싶다는 포스팅을 올리기도 하고, 옆 동료와 잡담을 떨기도 한다. 물론 직장에 근무하는 8~9시간 동안 온전히 업무만 하기는 어렵다. 다만, 몰입해서 2시간이면 끝낼 수 있는 업무를 8~9시간으로 늘려서 불필요한 시간을 소비하는 것은 본인의 성장에 굉장히 부정적인 영향을 끼친다.

나는 이런 사람들에게 한 가지 제안하고 싶은 것이 있다. **업무의 우선순위를 정해서 당장 해결해야 하는 것부터 몰입해 끝내라는 것이다.** 이후 본인의 능률 향상을 위한 타 프로젝트를 시작해라. 만약 업무 강도가 높았거나 과부하가 왔다면 차라리 애매하게 일하는 척하지 말고 휴식을 하는 편이 더 낫다.

본인이 성장을 원하는 직장인이라면 착각하지 말아야 한다. 바쁜 척하며 쉬지 않고 일을 하는 것은 일을 잘하는 사람이 아니다. 더군다나 자신의 성장을 위한 것도 아니다. 같은 일을 하더라도 더 적은 비용과 시간을 들여 높은 성과를 내는 것이 중요하다. 만약 **시간이 남는다면 남들과의 차이를 더 크게 낼 수 있도록 바로 다음 프로젝트로 넘어**

가거나 능률 향상을 위해 뇌를 최적화할 수 있는 휴식을 하라.

**청소를 하기 위해 일부러
집을 어지럽히는 바보는 없다.**

시간이 부족하다는 거짓말을 그만둬라

    대개 보통의 사람들은 시간에 대해 2가지 착각을 한다. 첫째는 시간이 넉넉하다는 착각이고, 둘째는 시간이 부족하다는 착각이다.

    첫 번째로 시간이 넉넉하다는 착각은 이런 경우다.

    친구와 12시에 만나기로 했고, 집에서 대중교통 이동시간을 검색해보았을 때 30분이 소요된다고 가정하여 집에서 11시 30분에 나왔다. 과연 이 사람은 친구와의 약속 시간을 지킬 수 있을까? 이 사람은 몇 가지를 고려하지 않았다. 집에서 대중교통 탑승지까지 걸어가는 시간, 대중교통을 기다리는 시간, 정체 구간에 대한 도로 상황, 약속 장소까지의 이동 시간 등등 말이다. 나는 이를 계획 오류라고 표현한다. 계획에는 절대적인 기준이 없기 때문이다.

두 번째로 시간이 모자란다고 착각하는 경우는 스케줄링을 예로 들 수 있다. 많은 사람이 하루 계획을 세울 때 '10시부터 10시 30분까지 협력사 이메일 리스팅, 10시 30분부터 11시까지 약식보고서 작성, 11시부터 12시까지 줌 미팅' 등으로 설정한다. 사실 이메일 리스트를 정리하고, 약식보고서 작성을 하는 등의 간단한 업무는 30분이 넘어가지 않는 경우가 많다.

이는 현대 사회에 들어서면서 스마트폰 등의 여파로 한 가지에 집중하기 어려운 환경이 됐고, 한 번에 여러 가지 일을 하는 멀티태스킹 능력이 떨어졌기 때문이다. 시간이 부족하다는 착각을 자주 하면 시간이 촉박하다는 불안한 감정의 영향으로 생산성이 떨어진다.

할 일을 하는 데 시간이 넉넉하다고 착각하거나, 부족하다고 착각하는 경우 모두 '시간'을 잘못 인지했기 때문이다. 결국 생각의 차이라는 것이다. 한 가지 예를 들어보겠다.

웨이트 트레이닝을 하는 데 40분이라는 시간이 주어진다면 부족하다고 생각되는가, 넉넉하다고 생각되는가? 대다수의 사람은 부족하다고 이야기할 것이다. 하지만 이론적으로 계산해보면 굉장히 충분한 시간이다. 보통 사람의 경우 웨이트 트레이닝은 20~25세트 정도를 하는 것이 일반적이며, 한 세트를 소화하는 데 30초에서 1분의 시간이 소요된다. 그리고 세트와 세트 사이의 휴식시간은 40초에서 1분 정도가 적당하다고 한다. 휴식 시간이 너무 길면 근육에 긴장이 풀리기 때문에 운동 효과가 떨어진다. 그럼 40분의 시간이 부족한가? 충분히 소화할 수 있는 시간이다. 하지만 대부분이 한 세트 소화하고 휴대폰 하느라, 멍 때리느라 2~3분의 휴식 시간을 보낸다. 심한 경우에는 5분이 넘어가도록 한 기구 앞에 앉아서 쉬는 경우도 허다하다.

약속 시간, 업무 시간 등에도 모두 동일한 개념이 적용된다. **'시간'에 대한 착각을 인지하고 효과적으로 배분하면 생각보다 하루에 할 수 있는 일이 많아진다.** 우리는 평균 6~8시간을 자고, 8~10시간 동안 일하며, 1~2시간을 대중교통에서 보내고, 1~2시간을 외출 준비와 수면 준비에 사용한다. 평균 18시간 정도를 사용한다고 쳐도 하루에 6시간의 여가 시간이 남는다. 이 6시간의 여가 시간에 할 수 있는 것은 생각보다 무궁무진하다. 운동, 독서, 자기계발, 지인 만남, 모임, 부업 구상 등 나열하자면 수도 없이 많을 것이다. 만약 본인이 여가 시간이 부족할 정도로 시간에 여유가 없다면 내가 소개하는 방법들을 통해 시간을 통제하고 효율적으로 사용해보았으면 한다.

첫째는 **시간 사용을 추적하는 방법**이다. 스스로의 시간 사용을 '추적 감시'하는 것이다. 먼저 일과를 적고 한 목록씩을 지워나가며 시작한 시간과 끝낸 시간을 기록한다. 기록이 어느 정도 쌓이다 보면 루틴이 보인다. 이후 패턴을 파악해서 내가 어떤 일을 할 때 얼마큼의 시간이 소요되는지를 인지한다.

둘째는 **우선순위를 설정**하는 것이다. 만약 하루 중 3시간의 여가 시간이 남았고, 내가 할 일의 목록 중 운동 1시간, 독서 1시간과 드라마 시청 1시간이 있다고 가정해보자. 이때 대부분의 사람은 하기 싫은 일을 뒤로하고 뇌를 자극하는 드라마 시청을 1순위로 설정한다. 하지만 대부분 이런 자극적 활동에는 생각한 1시간보다 더 시간을 쓰는 경우가 많다. 이러면 남은 할 일 목록 2가지는 아예 실행조차 하지 못하게 된다. 그러나 운동, 독서를 1, 2순위로 설정해 실행한다면, 1시간을 못 채우더라도 실행했다는 결과가 생기기 마련이다.

마지막으로는 **너무 많은 일을 계획하지 않는 것**이다. 생산성에 관련된 수많은 저서와 연구결과에서 '일을 잘하기 위해선 일을 많이 하지 않아야 한다'고 말한다. 하루 24시간에 소화가 불가능할 만큼의 일을 설정하고 어느 하나도 완벽히 해내지 못할 바에야 현실적인 목표설정을 통해 선택과 집중을 하라는 조언이다.

이처럼 **스스로의 삶의 질에 만족감이 높은 사람은 '시간'을 효율적으로 사용한다**는 특징이 있다. 하루의 '시간'을 통제하는 것에서부터 인생의 방향키를 컨트롤하는 법을 익혀 나갈 수 있는 것이다.

**하루 계획을 짠다고
양치를 30분이나 할 사람은 없겠죠?**

부지런함과 성과는 비례하지 않는다

일 잘하는 사람과 일 못하는 사람, 둘 사이의 차이는 뭘까? 물론 능력 차이도 있겠지만 근본적인 원인은 따로 있다. 바로 성실함이다. '부지런함과 성과는 비례하지 않는다'는 글 제목과는 상반되는 이야기라 당황스러울 수 있다.

보통 열심히 일하는 사람치고 성과가 나쁜 사람은 거의 없다. 하지만 그것만으로 모든 걸 설명할 순 없다. 너무나 당연한 이야기이기 때문이다. 그럼에도 불구하고 여전히 많은 사람이 착각한다. 자신만큼은 예외일 거라고 믿으며 그저 꾸준하기만 한 본인을 스스로 과대평가한다. 그러다 결국 원하는 만큼의 성과가 나오지 않았다는 좌절감에 빠져 허우적거린다. 그런 모습을 볼 때면 안타까운 마음이 든다. 그저 부지런하기만 하다고 해서 반드시 좋은 결과가 나오는 건 아니기 때문이다.

만약 당신이 지금까지 그래왔다면 이제부터라도 관점을 바꿔야 한다. 내가 만나본 최고의 인재들은 하나같이 게으르고 느긋한(여유로운) 성격이었다. 남들보다 조금 늦게 가더라도 조급해하지 않았다. 그저 묵묵히 제 갈 길을 갔다. '게으른 천재는 노력하는 평범한 사람을 이기지 못한다', '천재는 1% 재능과 99% 노력으로 만들어진다'라는 말처럼 성공한 사람들은 **'일 잘하는 사람에게 필요한 건 타고난 재능보다 성실함'**이라는 이야기를 하곤 한다.

하지만 최근 들어 나는 이 말에 의문이 들기 시작했다. 과연 현시대의 성공 기준이 부지런함과 성실함에 있다면 SNS에 매일 아침 미라클모닝을 하는 사람들은 성공했어야 한다. 매일 저녁 운동을 빼먹지 않는 사람들은 멋진 몸을 가지고 있어야 한다. 그러나 딱히 그렇지도 않았다.

내가 이야기하고 싶은 것의 핵심은 이것이다. 이미 성공한 사람들과 부자들은 수많은 인터뷰 혹은 동기부여 비디오에서 이렇게 설명한다.

"나의 성공 비법은 매일 아침 4시 30분에 기상한 후 이불을 개는 것이다."

여기서 사람들이 알아야 할 것은 무엇일까? 만약 본인이 보디빌더와 같은 큰 사이즈의 몸을 원하는데 매일 맨몸운동으로만 훈련을 한다면 원하는 이상향의 몸과는 점점 멀어질 것이다. 물론 건강해지고 몸이 멋져지긴 하겠지만 목적이 다른 루틴을 가지고 있기 때문에 원하는 목표에 도달할 수 없다.

부자들이 이야기하는 '성실함과 부지런함'이라는 건 '헬스장에 출석하는 행위'와 같다. 몸이 좋아지고 싶다면 운동을 하러 헬스장에 가야 하는 것처럼 성공하기 위해선 '성실함과 부지런함'은 필수이자 기본이라는 것이다. 다만, 헬스장에 가기만 했다고 몸이 저절로 좋아지지 않는다. 버티기 힘들 만큼의 운동량을 소화해내야 하며 운동 목적에 맞는 식단조절도 해야 한다. 부상도 염두에 두어야 하고 때로는 별 변화가 없는 몸에 실망감을 뒤로한 채 훈련해야 할 수도 있다. 그럼에도 불구하고 눈이 오나 비가 오나 출근하듯 헬스장에 가야 하는 건 '가장 어려우면서도 필수가 되는 기본적인 전제조건'인 것이다.

성과 혹은 성공도 마찬가지다. 그저 '성실함과 부지런함'만 가졌다고 성과나 성공을 쟁취할 수 있는 건 아니다. 두 조건은 그저 '가장 필수가 되는 기본 조건'에 불과하다. 기본에 더해 매일 내가 맡은 일에서 '어떻게 매 순간 발전할 것인가?' 하는 고민과 '앞으로 내 인생에서의 방향은 어떻게 설정할 것이며, 내가 원하는 성공의 기준은 무엇인가'를 정립해야 한다.

그리고 내가 추구하는 것 중 우선순위를 파악해야 한다. 부, 명예

등에서 말이다. 성공한 사람들이 이야기하는 '성공 비법'은 기본적인 것조차 하지 않으려고 하는 대부분의 사람에게 알려주는 일종의 '테스트'다. '그것조차 하지 못하면서 무슨 성공을 하겠다고 하는 거야? 그것부터 꾸준히 해봐. 그럼 알아서 길이 보일 거야'라는 뜻이 숨어있는 테스트 말이다.

성공한 사람들은 대부분 성실하고 부지런하다. 모두가 동일하게 말이다. 대신 각자 자기만의 확실한 기준이 있다. 그리고 거기에 맞춰 행동한다. 그것이 그들이 각자의 방법으로 성공한 성공 방정식이다. 나도 가끔 성공을 향해 가는 방법에 대해 조언을 구하는 직원 혹은 타인들에게 이렇게 이야기한다.

"저의 성공 방정식은 19살부터 지금까지 단 하루도 빼먹지 않고 아침 6시 30분에 일어나고, 모든 약속에 30분 미리 도착하는 것을 원칙으로 하는 삶을 살며, SNS에는 슬픈 글과 술을 마시는 사진을 절대 올리지 않는 것입니다. 더불어 점심 식사 후에는 반드시 30분 동안 독서를 하고, 매일 저녁에는 2시간씩 웨이트 트레이닝을 합니다. 그리고 매주 토요일 오전 10시에는 오프라인 독서모임을 가집니다. 심지어 크리스마스 이브여도 말이죠. 대신 착각하지 말아야 하는 게 있습니다. 저와 같은 라이프 스타일을 가진다고 해서 무조건 성공할 수는 없습니다. 저는 남은 이외의 시간에 단 1초도 빠짐없이 '일과 성공'만을 생각하거든요. 어떻게 하면 회사가 지금의 성과보다 더 나은 매출을

낼 수 있을지, 어떻게 하면 다음 달에는 지금보다 더 높은 소득을 올릴 수 있을지 하는 생각들 말이죠. 더불어 생각에서 그치지 않고 주에 1회 고정적으로 떠올렸던 아이디어들을 실행하는 'Action Day'를 가집니다. 비록 실패하더라도 말이죠. 사실 대부분 실패합니다. 다만, 그 과정에서 제가 완벽하지 않음을 인정하고 매 순간 더 나아가려고 하는 동기부여를 얻습니다. **앞서 말한 성실한 루틴들은 그저 '기본'일 뿐입니다.**"

**개근상을 탄 친구가
전교 1등이 되지는 않아요.**

어제는

내일부터 하겠다고 했잖아요

"지금 있는 것만 다 피우고 끊을게."

"오늘이 마지막 야식이다. 진짜 내일부턴 다이어트다!"

"올해는 진짜 운동해볼 거야."

금연을 결심하는 사람, 다이어트를 결심하는 사람, 매년 1월에 헬스장을 등록하는 사람들이 빠짐없이 하는 말이다.

요즘 '미라클 모닝', '한강 나이키런'과 같은 모임이 유행이다. 또 취미, 자기계발 활동을 적극적으로 하는 소규모 클래스도 인기다. 금연하는 것, 다이어트하는 것, 꾸준히 운동하는 것, 아침에 일찍 일어나는 것, 자기계발하는 것 모두 '긍정적 신호'다. 자신의 건강을 생각한 다짐이고, 잠을 줄여가며 하루하루를 부지런하게 살겠다는 결심이며, 매 순간 발전하겠다는 노력이기도 하다.

그런데 한 가지만 더했으면 좋겠다. 바로 **본인이 하고자 하는 다짐 앞에 '꾸준히'라는 단어를 붙이는 것**이다. 금연하겠다는 아버지들이 아내와 딸들에게 질타를 받는 이유는 간단하다. "아빠도 끊고 싶지"라고 이야기하며 끊지를 않으니까. 다이어트를 하겠다는 친구의 말에 "휴, 또 그 소리야?" 한숨부터 쉬게 되는 이유는 간단하다. 얼마 가지 못하고 또다시 야식을 먹는 모습을 보이니까. "하고 싶다"라는 말보다 하는 모습을 보여주는 것이 중요하다. "한 번만 더 기회를 주시면 더 열심히 하겠습니다"라는 말보다, 그저 열심히 하는 모습을 보여주었어야 하는 것이다. 하기로 했으면 해야 한다. 성화에 못 이겨 "하긴 해야지"라고 말하는 건 의미 없다. '하고 싶다는 말'보다 '하는 모습'을 보여준다면 주변 사람들로부터 신뢰가 쌓여서 좋고, 스스로가 발전할 수 있어서 더 좋다.

미라클 모닝과 한강 나이키런을 하는 사람들은 정말 훌륭한 사람들이다. 그런데 요새 SNS에서는 '쟤네 저거 일주일도 못 가서 그만둘걸?' 하면서 미라클 모닝과 한강 나이키런 하는 사람들을 비난하는 글이 많다. 시작은 그럴싸하게 '올해부터는 매일 새벽 4시 30분에 기상해서 SNS에 미라클 모닝을 인증하고 새벽에 러닝을 하며 하루를 일찍 시작해야지' 하는 다짐은 좋으나, 일주일도 채 가지 못하는 근성을 비난하는 것이다. **세상에서 제일 나쁜 사람이 '큰 야망에 비해 게으른 사람'이다.** 작은 그릇을 가지고 있으면서 넘치는 내용물을 담으려고 하는 마음가짐 말이다.

어떤 이는 "그 일주일이라도 하는 게 어디야?"라며 반박할 수 있다. 물론 틀린 이야기는 아니다. 다만, 사람은 목표한 바를 이뤘을 때 얻는 '성취욕'보다 꾸준했을 때 느낄 수 있는 '살아있음'에 더 큰 동력을 느낀다. 성취욕을 양분으로 인생을 살아가면 더 큰 성취, 더 큰 임팩트만을 추구할 수밖에 없다. 하지만 매 순간 더 큰 성취를 가질 수 없다.

그러니 100개의 무기를 애매하게 1시간씩 연습하는 것보다 1개의 무기를 확실히 100시간 연습하는 것이 더 중요하다. 그 100시간을 연습한 1가지의 확실한 무기가 생긴다면, 나머지 99가지의 무기를 습득하는 데는 100시간을 들이지 않아도 잘 배울 수 있는 경험치가 쌓여있을 것이니 말이다.

하기로 했다면 적극적으로 하라. 하고 싶다는 말보다 하는 모습을 보이는 것이 훨씬 중요하다.

혹시 1년 전에도
내일부터 하겠다고 하지 않았나요?

시계만 보지 말고

시곗바늘처럼 일하라

　내가 세상에서 제일 답답해하는 부류가 있다. 일을 시작한 지 얼마 되지도 않았으면서 언제 끝나는지 확인하는 사람, 이왕 시작한 일임에도 불구하고 매사에 불평불만을 가지는 사람이다.

　똑같이 8시간을 근무한다고 가정했을 때, 수시로 시간을 확인하면서 오매불망 언제 끝나는지만 기다리는 사람과 일에 몰두해 시계를 볼 틈도 없는 사람 중 누구의 시간이 더 빨리 갈까? 당연히 후자다. 더불어 둘 중 누가 일에 대한 성과가 더 좋을까? 이 또한 후자다. 하지만 안타깝게도 10명 중 9명의 사람이 전자의 부류에 속한다. 그러니 열심히만 하더라도 상위 10%에 들어갈 수 있다는 농담이 나오는 것이다.

군대에는 '어쨌거나 국방부의 시계는 돌아간다'라는 농담 같은 말이 있다. 군생활 중 시간이 안 간다고 불평불만할 시간에 즐기고 열심히 맡은 바 최선을 다하면 다 지나간다는 뜻인데, 틀린 말이 하나도 없다.

결국 모두에게 시간은 공평하지만 그 결과는 공평하지 않다. 같은 군생활을 했더라도 내내 불평만 하고 게으름 피운 사람은 2년이라는 시간을 버렸다는 생각에 절망감에 빠지고, 군 동기들에게 신임을 얻지 못한다. 더불어 전우애와 단체로서의 소속감을 얻지 못하고 제대를 하게 될 것이다.

하지만 그 2년이라는 시간을 누구보다 충실히 보냈다면 많은 결과물을 안고 제대할 수 있다. 남들과 동일한 2년이라는 시간을 앞으로 겪을 사회에서 귀중한 커리어로 사용할 수 있을 것이다.

시계만 보지 말고 시곗바늘처럼 일하라는 것은 무식하게 일만 열심히 하라는 뜻이 아니다. 누구에게나 공평하게 주어지는 시간이라는 자원을 남들과 다르게 사용했을 때부터 조금씩 앞서가기 시작할 수 있기에 그 사실을 깨달았으면 하는 뜻에서 지은 글 제목이다.

살면서 '시간 가는 줄 몰랐다'라는 기분을 다들 한 번쯤 느껴본 적이 있을 것이다. 친구와 너무나도 즐겁게 대화를 할 때, 자신이 좋아하는 일을 할 때, 재미있는 영화나 공연을 관람할 때 등 그 순간에는 같은 시간임에도 불구하고 시간이 빠르게 흐르는 것 같은 느낌이 든다.

하지만 누군가는 굉장히 불행한 시간을 보내고 있을지도 모른다. 이는 반대로 자신이 굉장히 불행한 시간을 겪고 있을 때 또 다른 누군가는 성장하고 있다는 이야기이기도 하다. 한 번에 바뀌기는 어렵겠지만, 지금이라도 조금씩이나마 나에게 주어진 모든 순간을 성장의 동력으로 사용한다면 그 누구도 따라잡을 수 없는 뛰어남을 가질 수 있을 것이다.

사람들이 흔히 하는 걱정의 90%는 일어나지 않거나 쓸데없는 걱정이라고 한다. 그리고 사람들이 흔히 겪는 역경의 90%는 이겨냈을 때 오히려 장점으로 작용될 만한 역경이라고 한다.

나는 여러 권의 자기계발서를 통해 접한 '중세의 두 석공 이야기'를 좋아한다.

지나가던 이가 한 석공에게 무엇을 하느냐고 물었는데 그 석공은 이렇게 답했다.

"보면 모르오? 돌을 자르고 있잖소. 하기 싫어도 먹고살려면 어쩔 수 없이 해야 하는 일이라오."

그는 또 다른 석공에게도 무엇을 하느냐고 물었는데, 그 석공의 대답은 앞선 이와 달랐다.

"마을 사람들이 누구든지 와서 기도할 수 있는 튼튼한 성당을 짓고 있소."

결국 '일'이라는 건 하는 사람이 얼마나 그것에 '소명'을 가지고 있는지에 대한 문제이다.

'일'이 즐겁다고 생각해본 적 있나요?

MBTI에
자신을 가두지 마라

'INFP(인프피) 특징, ENTJ(엔티제) 특징'처럼 특정 MBTI의 특징을 나열해놓은 글이나 영상이 부쩍 많아졌다. 자신의 MBTI가 포함된 영상이나 글을 보며 "와, 진짜 딱 나네. 진짜 공감된다!" 했던 경험도 분명 있을 것이다.

어떤 회사에서는 MBTI가 I로 시작하면 채용을 하지 않는다는 공고도 낸다고 한다. 나는 솔직히 이 현상이 때론 두렵게 느껴진다. **MBTI에 본인을 가두면 안 된다고 생각하기 때문이다.** INFP와 ENTJ는 안 좋은 MBTI와 좋은 MBTI로 나뉜다. 세계적으로 대단한 기업가 또는 고소득자들이 ENTJ인 경우들이 많고, 소심하고 내성적이며 소득 수준이 가장 낮은 사람들은 INFP인 경우가 많기 때문이라고 한다.

나는 MBTI가 2개다. 일할 때의 내 모습을 주변인들에게 보여주고 요청한 MBTI와 스스로가 생각하는 나의 성격을 검사한 MBTI가 다르다. 전자는 흔히 일하는 소득 수준이 높은 특징을 가진 MBTI이고, 후자는 소심한 MBTI에 속한다.

나는 영업조직을 운영하고, 사업을 하며, 대중매체에 출연하는 직업을 가졌지만 알고 보면 무척 소심하다. 낯을 많이 가리고 첫 만남에 대화를 원활하게 이어나가지 못한다. 하지만 발표를 하거나 강의를 할 땐 믿기 어려울 정도로 유창하다는 평을 자주 받는다.

과연 내가 두 얼굴을 가진 아수라라서 그런 걸까?

전혀 아니다. '구분'이 확실한 것이다. **'내가 생각하는 나'와 '남이 생각하는 나'는 엄연히 다르다.** 나는 업무에 관련된 사람들을 만나서 지인 대하듯 하지 않는다. 마음 편히 지인을 만나서 해외 바이어를 대하듯 하지도 않는다.

내가 생각하는 요즘 가장 큰 문제는 MBTI라는 틀에 맞춰 사람들이 본인들의 자의식을 규정한다는 것이다. 본인이 INFP라고 해서 업무할 때도 INFP가 가진 특성처럼 업에 임한다면 분명 좋지 못한 결과를 가져올 것이다. 또 본인이 ENTJ라고 해서 가정에서까지 가족을 통솔하려 한다면 분명 문제가 생길 것이다.

경영 격언 중에 이런 말이 있다.

"오너들이여, 퇴근할 땐 집 주차장에 왕관을 내려놓고 귀가하라."

오너들의 리더십이 직장에선 멋있고 통솔력 있어 보일 수 있지만, 가정에선 가부장적일 수 있기 때문이다. 시대가 발전할수록 모든 것이 체계화되고, 전문화된다. 이제는 사람의 성격마저 그렇게 규정하는 시대가 온 것이다. 하지만 그것이 너무 심화되다 보면 차이가 너무 커지기 마련이다. 선진국일수록 빈부의 격차가 크고, 넓은 나라일수록 정보의 격차가 크듯 말이다. 이처럼 MBTI와 같은 것들에 **본인의 자의식을 규정하고 그에 따라 본인의 행동을 억제하지 않아야 한다.**

내향형 인간이라서 성공하지 못한다는 편협한 사고를 버려야 한다. 세계 부자 1, 2위를 다투는 워런 버핏과 빌 게이츠도 I로 시작하는 내향형 인간이다. 더불어 아인슈타인과 해리포터를 쓴 J.K 롤링 또한 내향형 인간이다.

알파벳 네 글자에 한 사람의 모든 것을 다 담을 수는 없다. 성격유형 검사 결과에 지나치게 과몰입해 자신의 가능성을 제한하는 우를 범하지 않기를 바란다.

**생김새가 같은 일란성 쌍둥이도
다른 캐릭터를 가졌어요.
고작 16개의 유형으로 나누는 MBTI에
본인을 가두는 건 너무 가혹한 것 아닐까요?**

PART 2.

성공하려면
'나의 탓'을 하고
'남의 덕'을
알아야 한다

버릇없는 것과
자신감 있는 태도는

엄연히 다르다

나는 사람을 다음의 네 부류로 나눈다.

1. 착한 사람
2. 착한 척하는 나쁜 새끼
3. 나쁜 새끼
4. 나쁜 척하는 착한 사람

살면서 우리가 곁에 두어야 하거나 따라야 할 사람은 1번 착한 사람과 4번 나쁜 척하는 착한 사람이다. 이 두 부류의 사람은 나보다 남을 위할 줄 알고, 배려할 줄 알고, 베풀 줄 안다. 다만, 사람의 성향에 따라 겉으로도 착한 모습이어서 알아보기 쉬운 사람이 있고, 방어 기제를 가지고 있어서 겉으로는 나쁜 사람인 척하는 사람이 있다.

우린 이렇게 사람의 겉모습보다 내면을 알아볼 수 있는 능력을 키워야 한다. 1번, 4번 부류의 사람들과 함께하다 보면 배려와 나눔을 배우게 된다. 그들은 자신이 비록 손해를 보더라도 남을 위해 양보할 줄 알며, 남에게 도움받은 것에 대해 언어적·물질적으로 보상할 줄 안다.

인과응보의 법칙에 따라 이런 부류의 사람들은 손해를 보더라도 언젠가 꼭 보상받게 되어 있으며, 많은 것들을 남에게 주더라도 꼭 돌려받게 되어 있다. 오랜 시간 동안 존경받는 위인들이나 기업인, 유명인사들이 대부분 1번, 4번 부류인 경우가 많다.

반대로 **2번 착한 척하는 나쁜 새끼와 3번 나쁜 새끼들은 곁에서 멀리해야 한다.** 3번 부류의 나쁜 새끼들은 진심으로 남을 증오하고 혐오하며 남이 잘못되길 원하고 아무런 이유 없이 남에게 해를 가한다. 마치 인터넷에 익명으로 악플을 쓰거나 도둑질, 자해, 공갈, 사기를 치는 사람들과 같다.

그리고 가장 조심해야 할 부류는 2번 착한 척하는 나쁜 새끼다. 이들은 웃는 얼굴로 순진한 사람들에게 다가가 금전을 갈취하거나 본인을 따르도록 세뇌시키는 경우가 많다. 흔히 사이비 교주들처럼 나쁜 가스라이팅을 하는 부류다.

버릇 없는 것과 자신감 가득한 태도가 엄연히 다르다는 말은, 사람을 잘 바라보고 가려야 한다는 뜻이다. 중국 알리바바의 창업자 마윈은 이렇게 이야기했다.

"10대는 열심히 공부해야 할 시기이고, 20대는 좋은 리더를 만나 따라야 할 시기이며, 30대는 본인이 잘하는 일에 전념해야 할 시기이다."

그러나 요즘 20대들은 자신이 속한 회사나 집단의 선배, 리더를 쉽게 욕하고 무시한다. 그들이 진짜 능력이 있고 경험이 있더라도 자신의 가치관, 사상과 일치하지 않으면 배척해버린다.

나는 그런 이들에게 꼭 해주고 싶은 이야기가 있다. **버릇없는 것과 자신감 가득한 태도는 엄연히 다르다**고 말이다. 즉, 싸가지 없는 사람과 당돌한 사람은 다르다는 뜻이다. 기분이 상하더라도 서로에게 도움이 되는 생산적인 이야기를 총대 메고 하는 사람들은 자신감이 가득하고 당돌한 사람이다.

하지만 상대방의 기분을 생각하지 않고, 더불어 그것이 단순 감정에 의한 의미 없는 공격성 발언이라면 싸가지 없고 버릇없는 사람이 된다. 또한 아무 데서나 선배나 리더를 욕하는 사람들은 습관적인 경우가 많다.

성공을 위해서라면 1번 착한 사람이 되거나 4번 나쁜 척하는 착한 사람이 되어라. 그리고 2번 착한 척하는 나쁜 새끼와 3번 나쁜 새끼를 곁에서 멀리해라.

　우리는 인생을 살아가며 하루에도 수천 번 선택의 기로에 놓인다. 그 과정에서 작은 실패와 성공들을 마주하게 되고, 그것들이 쌓여 큰 실패와 큰 성공이 되는 것이다. 올바르지 못했던 선택은 '나의 탓'을 하며 끊임없이 보완하고, 좋은 결과에 대해서는 '남의 덕'으로 돌려 주변을 현명한 사람들로 채워나가라. 자신이 스스로를 탓하더라도 당신을 진심으로 응원해주고 잘했다고 표현해주며, 남의 덕으로 돌리더라도 당신의 공을 인정해줄 수 있는 사람들로 말이다.

부모님의 잔소리는 항상 우리를 위한 것이었죠.

1,000번의 실패를
빠르게 사용하라

셀트리온의 서정진 회장은 "실패라는 말은 없다"고 했다. 이처럼 대다수의 부자는 '실패는 거름이자 양분'이라고 표현한다. 〈고등래퍼 3〉에서 우승한 래퍼 이영지는 실패를 사랑한다고까지 표현한다. 분명 이들은 **'실패'라는 단어를 긍정적으로 받아들이고 있다.**

살면서 우리가 듣기 싫어하는 부정적 의미의 단어들이 있다. '실패, 시련, 역경, 고비, 장애물 등등…'이다.

예를 들어, 등산에서 완만한 구간을 걸어가다 보면 주변 풍경도 돌아보고 함께 온 일행과 이야기도 나누며 기분 좋게 올라간다. 그러다 계단이 많은 구간이 나오거나 가파른 구간을 맞닥뜨리면 어떠한가?

일행과 멀어지기도 하고 말이 점점 없어지며, 주변을 쳐다볼 겨를도 사라진다. 지친 체력 탓에 발을 헛디뎌 다치기라도 하면 산에 괜히 왔다고 투덜거린다.

그런데 실상을 들여다보면 우리가 등산을 하는 이유는 무엇인가? 정상에 올라가기 위해서가 아닌가? 그 힘든 과정을 추억하고 싶어서가 아닐 것이다. 그럼 그 정상에 도달하기 위해 오르는 과정에서 실제로 정상에 빠르게 도달할 수 있는 구간은 어떤 구간일까? 수평으로 쉽게 걸어가는 구간이 아니라, 가파르고 어렵더라도 수직으로 올라가는 구간일 것이다.

인생도 마찬가지다. 성공이라는 높은 산을 오르기 위해 한 걸음씩 걸어가야 하고, 완만한 구간을 걷기도 하고 가파른 구간을 걷기도 하게 될 것이다. 또 걷다 보면 돌부리에 걸려 넘어지기도 하고 발이 접질리기도 한다. 때론 주변 풍경에 감탄하기도 하고, 주변 풍경을 바라볼 겨를이 없을 정도로 힘든 구간을 겪기도 한다. 아무리 걸어도 정상이 나오지 않을 것만 같기도 하고, 무던히 걷다 보면 "벌써 정상이야?"라고 너스레 떨며 정상에 도착하기도 한다.

세상을 살아가다 보면 좋은 일만 있을 수 없다. 오히려 힘든 일이 더 많을 것이다. 하지만 보통 이런 **힘든 일들이 그 힘듦의 크기만큼 우리를 성장시켜주기 마련**이다. 그리고 보통 애석하게도 이런 **힘든 일**

을 겪고 난 뒤에 성공이 찾아온다. 그러니 더욱 달콤하게 느껴지는지도 모르겠다.

그러니 포기하지 마라. 실패를 사랑하라. 1,000번의 실패를 먼저 사용하겠다고 생각하라.

과거에 인디언이 기우제를 지내면 100%의 확률로 비가 내렸다고 한다. 비결이 뭐였을까? 바로 비가 내릴 때까지 기우제를 지낸 것이다. 참 단순하지만 많은 것을 느끼게 해준다.

한 번뿐인 인생을 패배자로 살고 싶은 사람은 한 명도 없다. 우울증은 치료법이 있다. 인간의 본성에 우울증을 고치고 싶은 마음이 있기 때문이다. 근데 무작정 행복한 병에는 이름이 없다. 고칠 필요가 없기 때문이다.

이왕 한 번 사는 인생, 성공한 사람이 되어야 하지 않겠는가?

과거의 나는 굉장히 부정적이고 욱하는 성격이었다. 집에서 FPS 게임을 하면서 버릇처럼 소리를 지르거나 욕을 하기 일쑤였고, 롤이라는 게임을 하며 채팅으로 유저들과 입에 담지 못할 욕을 하며 밥 먹듯이 다투곤 했다. 그 습관이 아무리 고치려 해도 쉽게 고쳐지지 않았다. 그래서 어느 순간부터는 채팅을 치지 못하게 키보드에서 엔터키를 빼고 게임을 했다.

축구를 하거나 등산을 할 때 조금만 뛰어도 "아, 힘들어 죽겠다. 못

뛰겠어"라고 쉽게 투덜거렸고 일을 할 때도 "왜 내가 하는 것만큼 돌려받지 못하는 것 같지?" 하며 불만을 자주 토로했다. 하지만 그런다고 해서 전혀 나아지는 게 없다는 것을 뒤늦게 깨달았다.

나는 자기암시와 무의식을 통제하는 훈련을 통해 강제로 긍정적인 사람이 되기로 했다. 굉장히 더운 여름에 땀이 나서 짜증이 나도 입으로는 "왜 이렇게 시원해? 누가 따라다니면서 나한테 선풍기를 쐬주나?" 하며 너스레를 떨었고 등산을 하다가도 힘든 구간에는 "등산도 하고 런지도 하고 최고다. 오늘 헬스 안 가도 되겠다!" 하며 농담을 던졌다.

그러다 보니 어느 순간 참 신기하게도 나는 주변 사람들에게서 낙천적인 사람, 긍정적인 사람, 닮고 싶은 마인드를 가진 사람이 되어 있었고 이제는 의식하지 않아도 긍정적인 말이 튀어나오는 수준까지 되었다.

과거에는 무척 부정적이어서 될 일도 안 됐다면 긍정적으로 사는 지금은 안 될 일도 가능해지곤 한다.

나는 종종 지인들과 카페에서 늦게까지 수다를 떨곤 하는데 어느 날은 영업시간이 종료되어 마무리를 해달라는 종업원에게 "아, 죄송합니다. 저희 때문에 퇴근이 늦으셨죠? 커피 한 잔 계산해놓고 갈 테니 드시면서 퇴근하세요. 감사합니다"라며 자리를 정리하고 나왔다.

그리고 그다음 주 같은 카페에서 수다를 떨고 있다가 시간을 보니 마감 시간이 2시간이나 훌쩍 넘은 것이 아닌가! 나는 놀란 얼굴로 종업원에게 "혹시 마감 시간이 변경되었나요?" 하고 물으니 종업원이 "아니요. 오늘 마감하고 개인적으로 할 일도 있었고, 손님이 수다 떠는 걸 좋아하시는 게 기억이 나서 일부러 말씀 안 드렸습니다. 조금 더 계셔도 됩니다"라고 말해주었다.

이처럼 **긍정과 배려는 증식하고 전염된다.** 주변에 선한 영향력을 베푸는 사람이 되는 것이다. 그러니 실패까지도 사랑할 수 있는 사람이 되어야 한다는 것이다.

무조건 성공하는 마법의 주문을 알려드릴게요.
'그럴 수 있지, 오히려 좋아.'

스트레스를 구분하라

과거의 나는 스트레스에 굉장히 예민했다. 해결하기 어려운 문제들을 직면할 때면 극한의 스트레스에 시달려 불면증이 오거나 식욕이 없어지는 등 며칠을 고생하곤 했다. 그 스트레스의 근원이 되는 문제를 해결하기 전까지는 일상생활 중에도 몇 번이나 생각이 날 만큼 영향을 크게 받곤 했다. 스트레스로 인한 번아웃이 잦았고 해답을 찾지 않으면 안 되겠다는 생각이 들었다. 그때 깨달은 것이 바로 **'스트레스를 구분하는 법'**이다.

우리 삶에서 스트레스는 2가지로 나뉜다. '긍정적 스트레스'와 '부정적 스트레스'로 말이다. '긍정적 스트레스'는 '건강한 스트레스'라고 부르기도 한다.

예를 들어, 자신이 카페 창업을 준비하는 예비 창업자라고 가정해 보자. '어떻게 하면 손님을 많이 오게 할 수 있을까?'라는 문제에 대해 고민을 하기 시작했고 해결책이 쉽게 찾아지지 않아 스트레스를 받는다. 이때 겪는 스트레스가 바로 '건강한 스트레스'다. 스트레스를 받는 원인이 되는 문제에 '답'이 정해져 있으며, 그 '답'을 찾아서 '문제'를 해결하게 되면 곧바로 '성과'로 이어지기 때문이다.

우리 인생에 90% 이상의 스트레스는 이런 건강한 스트레스로 구분된다. 대부분 해결할 수 있는 문제들이며 해결했을 때 좋은 결과들이 찾아오기 때문이다. 하지만 대부분의 사람이 이런 '건강한 스트레스'를 인지하지 못하고 무너져버린다.

자신이 현재 받고 있는 스트레스가 '건강한 스트레스'인지 아닌지를 구분하는 방법은 간단하다. **'답'이 있는 문제인가 없는 문제인가만 구분하면 된다.** 이때 '답'이 없는 문제로 오는 스트레스를 '부정적 스트레스'라고 보면 된다. 이 '부정적 스트레스'는 우리를 굉장히 힘들고 괴롭게 만든다. '답'이 없기 때문에 '문제'를 해결할 수가 없다.

그럼 이 '문제'는 지속적으로 우리 머릿속을 맴돌게 되고 '답'을 찾을 수 없기 때문에 뫼비우스의 띠처럼 굴레를 벗어나지 못한다. 이때 '부정적 스트레스'는 어떻게 대처해야 할까? **바로 '인정'과 '무관심'으로 일관해야 한다.**

예를 들어, 회사에서 맡은 프로젝트가 있다고 하자. 6개월 뒤에 실행하기로 계획되어 있으며, 실제 프로젝트는 2개월 전인 4개월 후부터 시작된다. 그런데 부담감 때문일까? 아직 시작까지 4개월이나 남은 프로젝트 때문에 '이 프로젝트를 망치면 어떻게 하지?'라며 스트레스를 받기 시작한다.

이 스트레스는 어떤 스트레스일까? 바로 '부정적 스트레스'이다. 프로젝트를 시작할 수 있는 절대적인 '시간'이 4개월이나 남았으니 물리적으로 어떻게 할 수 있는 부분이 아니다. '답'이 없는 4개월이라는 '시간 문제'에 스트레스를 받을 필요가 없다는 것이다.

이때 이 '답이 없는 부정적 스트레스'에서는 빨리 벗어나야 한다. 그러기 위해서는 먼저 인정해야 한다.

'아, 내가 스스로 현재 능력이 부족하다고 생각되니 마음속에 불안함이 없어지지 않는구나. 남은 4개월간 스스로를 더 갈고닦아야겠다.'

그리고 나서 관심을 꺼야 한다. 다이어리 혹은 캘린더에 프로젝트를 시작하는 날짜를 표시해놓고 그날이 다가오기 전에는 최대한 필요 없는 생각을 머릿속에서 비워내야 한다.

이처럼 우리가 인생을 살아가며 겪는 문제 혹은 스트레스는 모두 긍정적인 문제와 부정적인 문제들로 나뉜다. 그것을 구분할 줄 아는 사람이 **문제 해결에 대한 사고력이 향상하며 스트레스를 이겨내는 역경 지수가 높아진다.**

나는 보험영업사원 시절에 '긍정적 스트레스'를 구분하지 못하고 자주 번아웃이 찾아오곤 했다. '고객들이 나를 만나서 어리게 보면 어떻게 하지?' 하는 어리숙한 생각을 자주 했다. 고객을 만나야지만 계약을 체결할 수 있는 대면 영업직이었지만 사람을 만나는 것 자체를 두려워하곤 했다.

'왜 나는 영업을 이렇게 못할까? 왜 나는 어릴까?' 하는 '답'이 없는 '문제'에 대해 스스로에게 질문하며 괴로움을 증폭시켰다. 하지만 스트레스를 구분하고 나서부터는 눈에 띄게 일에 능률이 올라갔다. '고객이 나를 어리게 보진 않을까?' 하는 생각이 들 때면 '나를 어리게 보지 않을 수 있도록 말투를 고치고 복장에 변화를 줘볼까?' 하며 **적극적으로 '문제'를 해결해 나아가기 시작**했다. 스트레스를 '건강한 스트레스'로 치환하는 법을 깨달은 것이다.

그리고 마법 같은 일이 일어났다. 쓸데없는 걱정에 고객을 만나는 행위 자체를 두려워했던 내가 고객을 만나는 것에 거침이 없어졌으며, 말투와 복장을 고치니 내 콤플렉스였던 어린 나이를 고객들이 한 명도 알아채지 못했다. 이때 나는 '건강한 스트레스'를 구분한 것만으로 '문제'를 해결했으며 '답'을 찾았고 그것이 '성과'로 이어졌다.

나는 이 책을 읽는 독자들이 깨달았으면 하는 것이 있다.
세상에 존재하는 문제는 2가지로 이루어져 있다는 사실이다. 해결할 수 있는 문제와 해결할 필요가 없는 문제로 말이다. 해결할 수 있는 문제에 직면해 있다면 스트레스받지 말고 침착하게 답을 찾아 나가기 바란다. 문제 한 개를 해결할 때마다 성공에 1년씩 가까워질 것이다. 반대로 해결할 필요가 없는 문제에 직면해 있다면 무관심으로 일관하라. 스트레스조차 받을 필요가 없다.

스트레스는 '감정'이다. 실체가 없는.

꿈을 이룰

자격을 갖춰라

'성공에 자격이라는 게 있을까? 꿈을 이루는 데 조건이 존재할까?'

요새 종종 보이는 젊은 신흥 코인 부자들을 보며 어느 사람들은 이렇게 이야기한다.

"어쩌다 운이 좋아 대박이 나서 부자가 된 거겠지. 부럽다. 나도 코인이나 해볼까? 아무나 할 수 있는 거 아니야?"

그런데 실상을 들여다보면 장기간 가상화폐 투자로 수익을 올린 젊은 트레이더들은 밤낮없이 매매를 하고, 차트를 공부하고, 본인들만의 이론을 만든다. 식사는 항상 컴퓨터 앞에서 해결하고 돈이 그렇게 많아도 외출할 시간이 없다고 한다.

어느 젊은 코인 투자자의 하루를 찍은 브이로그를 본 적이 있는데 잠도 컴퓨터 앞에 앉아서 잘 정도로 노력하는 모습이었다. 물론 전체가 그렇지는 않을 것이다. 정말 운이 좋아 대박이 난 사람들도 있을 것이다. 다만, 어느 분야에서 반짝 나타났다 사라지는 사람이나 잠깐 돈을 벌고 그걸 단기간에 모두 잃고 싶은 사람은 없을 것이다.

성공에는 자격이 있고, 꿈을 이루는 데는 조건이 존재한다. 바로 근면 성실함이 그 자격이고, 보이지 않는 곳에서의 노력이 그 조건이다.

연예인이 카메라 앞에서만 선행을 베풀고, 카메라가 꺼지면 갑질을 한다고 가정해보자. 대중적으로 알려지는 연예인이라는 직업 특성상 절대 평생 오래 사랑받을 수 없다. 그래서 유재석이 대단한 것이다. 그 누구도 유재석이 성공하고 돈을 많이 버는 것을 부정하거나 질투하지 않는다. 우리도 그렇게 되어야 한다. 유재석 같은 연예인이 되라는 이야기가 아니다. **각자의 분야에서 절대적으로 근면 성실하고 보이지 않는 곳에서마저 노력하는 그런 자격이 있는 사람이 되어야 한다는 것**이다.

벽돌을 나르는 일을 하면, 그 집단에서 가장 벽돌을 잘 나르는 사람이 되어야 한다는 말이 있다. 자격이 없는 감투와 결과는 벗겨지고 잃게 되기 마련이다. 그러니 우리 모두 자격을 갖추어야 한다. 그 성공을 하기 위한 자격이라는 게 자격증이 필요한 것도 아니고 근면 성실하고 변명하지 않으며 매사에 최선을 다하면 된다는데 얼마나 쉬운가?

'후라이드 참 잘하는 집'이라는 브랜드를 성공시켜 매각한 은현장 대표는 장사를 잘하기 위해서는 요령 같은 건 없다고 말한다. 오직 진심과 간절함 그리고 음식의 맛이라는 것이다. 나 역시도 성공하는 데 요령 같은 건 없다고 생각한다. 얼굴이 잘생겨서, 말을 잘해서, 특정 능력만 좋아서는 성공할 수 없다.

누구나 성공을 꿈꾸지만 안타깝게도 모두가 성공하진 못한다. 아니, 애초에 성공이라는 단어 자체가 모호하긴 하다. 누군가는 돈을 많이 버는 걸 성공이라 하고, 또 다른 누군가는 사회적 지위가 높은 걸 성공이라고 말한다. 기준이야 어떻든 분명한 건 아무나 성공할 수 없다는 사실이다.

세상엔 공짜가 없다. **노력 없이 얻어지는 건 더더욱 없다.** 그럼에도 불구하고 간혹 운 좋게 성공했다고 떠벌리는 사람들이 있다. 물론 그런 사람들에게 돌을 던질 순 없지만, 안타까운 마음이 드는 건 어쩔 수 없다. 왜냐하면 그건 진짜 성공이 아니기 때문이다.

진정한 성공은 자신만의 확고한 철학과 신념 그리고 그것을 뒷받침하는 부단한 노력이 있어야만 얻을 수 있다. 만약 당신이 지금 성공을 꿈꾸고 있다면 스스로에게 물어보라. '나는 정말로 성공을 간절히 원하는 사람인가?' 세상은 그런 것을 평가하고 당신에게 성공을 가져다준다.

**로또에 당첨되더라도 처음 산 사람보다,
매주 사는 사람이 당첨되어야 하지 않겠어요?**

진부하지만
항상

최선을 다해라

 최근 한 유튜브 채널에서 인터뷰 제의가 들어왔다. 성공한 사람들을 찾아가 그들의 이야기를 듣고 전달해주는 의미 있는 채널이고, 좋은 메시지를 전달할 수 있을 것 같아서 선뜻 출연하게 되었다. 여러 질문이 오고 간 후 촬영 막바지 즈음 진행자분들께서 나에게 마지막으로 이런 질문을 해주셨다.

 "성공하고 싶어 하는 20~30대들에게 해주고 싶은 이야기가 있으신가요?"

 나는 조심스럽게 운을 떼었다.

 "이렇게 말씀드리면 너무 진부하고 김샌다고 생각하실 수도 있을 것 같지만, 사실 이게 전부라 이것밖에 말씀을 드릴 게 없네요. 세상은 아직 뛰어난 아이디어보다 꾸준한 노력이 중요하고, 치기 어린 자존심보단 인정하는 자세가 중요하더라고요. 때론 불합리하다고 느껴지더라도 모든 문제를 나에게서 찾아야 하며, 나에게 끊임없이 엄격해야 합니다. 나아가 절대 자만에 빠지지 않아야 합니다. 아무리 이른 시간에 출근하더라도 나보다 먼저 출근하는 이는 있기 마련이고, 아무리 이르거나 늦은 시간에 헬스장을 찾더라도 꼭 먼저 운동하고 있는 사람은 있기 마련이니까요. 저는 이게 모든 부자가 가지고 있는 공통된 성공 방정식이라고 생각합니다."

시간이 조금 지나 이 책을 쓰고 있는 지금도 이 생각에는 전혀 변함이 없다. 세상에 성공한 사람은 많지만, 모두 다른 방법으로 성공했다. 다만, 그들은 부지런하고 본인에게서 문제점을 찾으며 노력한다는 공통점이 있을 뿐이다. 조금 더 직설적으로 이야기하면 **진부하지만 매 순간 최선을 다해야 한다**는 소리다. 그게 유일하게 재능이 없음을 인정하고 성공을 향해 달려가는 우리가 할 수 있는, 부자와의 공통점을 만들 수 있는 최선의 방법이다.

내가 이런 이야기를 할 수 있는 데에는 이유가 있다. 나는 어렸을 때부터 농구, 축구 등 운동을 항상 곁에 두며 살았다. 농구부를 6년간 해서 경기도대회에 출전해 준결승을 한 적도 있고, 21살부터는 약 7년간 매주 1회씩 축구를 할 정도로 운동을 즐긴다.

이런 내가 올해 2월부터 본격적으로 웨이트 트레이닝을 시작했다. 연예인 홍석천 씨가 유튜브에서 강연하는 영상을 보고 동기부여를 얻었다. "여러분, 100년 사는데 딱 2~3년만 고생하는 게 그렇게 힘들어요? 그 정도만 고생하면 거울에 비친 내 자신을 보면서 '와 X발 진짜 멋있다'라고 하면서 하루를 시작할 수 있는데?" 하는 말에 꽂혀버렸다. 그리고 순간적으로 내가 생각하는 멋진 몸을 가진 사람들이 나의 목표가 되어버렸다.

헬스장에 주 6회, 한 주도 빼먹지 않고 6개월 정도 다녔을 때쯤 잘 바뀌지 않는 몸의 모습을 보고 실망했다. '정말 열심히 했는데 왜 몸이 좋아지지가 않지?' 하면서 말이다. 의지가 약해질 뻔할 때쯤 보디빌딩 대회에 나갔었던 고등학교 동창에게 잔소리를 들었다.
"네가 했으면 얼마나 했다고 벌써 포기하려고 하는 거야? 적어도 2~3년은 하려고 했던 거 아니야?"
그 말에 다시금 의지를 다잡고 무던히 운동을 하다 보니 어느덧 몸이 바뀌는 게 눈에 보였다. 정확히는 원래도 바뀌고 있었지만 내가 생각하는 10년 이상 운동을 한 사람들의 몸에 가까워지지 않는 내 몸을 비루하게 생각하는 마음가짐이 변화하고 있다는 게 눈에 보였다.
작은 것에도 만족하기 시작했고, 그 작은 것들이 더 큰 것들을 가져올 것을 알았기에 무엇보다 열심히 했다. 그리고 나니 참 신기하게도 평생 한 번도 들어본 적 없는 몸 좋아 보인다는 이야기를 주변 사람들이 하나둘씩 하기 시작하는 게 아닌가?

이때 내 인생에 절대 변하지 않는 가치관이 생겼다.

'진부하지만 항상 최선을 다하기.'

**공든 탑이 무너지랴.
피사의 사탑을 보세요!**

모든 답은
이미

내 안에 있다

2020년부터 2022년까지 종합 포털 검색어 1위가 '자기계발'이라는 단어라고 한다. 서점 베스트 셀러 코너에도 온통 그런 책들뿐이다. 심지어 당신이 읽고 있는 이 책마저도 그렇다. 그만큼 현대인들에게 있어 삶의 의미와 목적을 찾는 일이 절실하다는 방증일 것이다.

물론 나도 유명하다는 자기계발, 경제경영 서적 등 안 읽어본 책이 없다. 혼자서 고민하는 것보다 책이나 영상을 통해 타인의 경험을 습득하는 것이 더 쉬웠으니까. 남들보다 뒤처지는 건 죽기보다 싫었기에 더욱이나 쉽게 노하우를 얻고 싶었다. 그러다 어느 순간 문득 회의감이 들었다. 대체 이렇게 아등바등 사는 게 무슨 의미가 있나 싶었다. 어차피 죽으면 다 부질없는 짓인데 하며 말이다. 결국 허무주의에 빠져 한동안 방황하다가 마음을 고쳐먹었다.

스스로에게 좀 더 본질적인 질문을 던지기로 했다. '도대체 인간(나)은 왜 사는 걸까? 그리고 진정한 행복이란 뭘까?' 그러자 신기하게도 조금씩 해답이 보이기 시작했다. 세상 만물엔 반드시 존재해야 하는 이유가 있다. 꽃에 벌과 나비가 필요하듯 인간에겐 사랑이 필요하다. 또 나무가 뿌리를 내리고 성장하려면 비와 바람이 있어야 하듯 **인간에게도 시련과 고통이 필요하다.**

이러한 자연의 섭리를 이해하니 자연스레 욕심이 사라졌다. 더불어 인과응보의 법칙에 따라 지금 현재 내가 누리는 것은 과거의 나로부터 비롯되었다는 것도 깨달았다. 그렇게 자연스레 그저 주어진 환경에 만족하며 감사하게 되었다. 마음이 한결 편안해지고 여유로워졌다. 더 많은 무언가를 얻고 싶으면 더 많이 노력해야 한다는 것을 깨달았기 때문이다.

물론 아직도 수많은 자기계발 서적과 동기부여 영상을 본다. 다만, 맹신하기보단 참고하는 수준으로만 볼 뿐이다. 아직 많은 사람이 본인의 기준이 아닌 타인의 조언으로 살아가는 경우가 많다. 나보다 돈이 많거나, 경험이 많거나, 나이가 많다고 해서 그들이 하는 이야기가 반드시 정답은 아니다. 물론 해답이 될 수는 있다.

어쩌면 **인생은 나 스스로 질문을 던지고 답을 찾아가는 과정**이 아닌가 싶다. 누구에게나 자신만의 답이 있으니까. 지금까지 '나'로서 살아온 것은 '나'이고, 앞으로도 '나'를 살아가는 건 '나'이다. 지금까지 겪은 것들로 지금의 내가 완성되어 있는 것이고, 앞으로 겪어 나갈 것으로 미래의 내가 만들어지는 것이다.

타인에게서 답을 찾지 마라. 모든 답은 이미 내 안에 있다. 내 스스로가 해결하지 못하는 문제를 타인이 해결해줄 수는 없다. 이 책 또한 그렇게 받아들여졌으면 좋겠다.

**거울을 보고 물어보세요.
'네가 원하는 삶이 뭐니?' 하고 말이에요.**

많이 듣고

나의 말은 아껴라

주변에 매사 여유로워 보이는 사람이 한 명쯤은 있을 것이다. 그들의 특징은 어조가 느리고 표정이 나른하다는 점이다. 나긋한 목소리로 의사를 전달하며 크게 욱하는 모습을 찾아보기가 어렵다. 그리고 대체로 이렇게 여유로운 사람은 집단에서 존경을 받거나 큰 인기를 끄는 경우가 많다. 여기에는 분명한 이유가 있다.

사람은 본디 말하기를 좋아하는 동물이다. 내 이야기, 남 이야기, 동료 이야기, 정치 이야기, 경제 이야기, 연예인 이야기 등등 왜 이렇게 말하기를 좋아하는 걸까? 그 이유는 사람은 공감받는 걸 좋아하고 바라기 때문이다.

"이 연예인이랑 저 연예인이 사귄대."

"헐, 정말? 전혀 안 그럴 줄 알았는데 대박이다."

서로 맞장구를 치기도 하고, 상황에 따라서는 안줏거리가 되기도 한다.

말은 거울이다. 말을 많이 한다고 무조건 잘못된 건 아니지만, 사람과 사람 간의 갈등이나 문제는 보통 말에서 비롯된다. 말을 하다 보면 자연스레 부풀리게 되거나 공감을 얻어내기 위해 없는 사실을 지어내게 된다. 말은 형태가 없기에 이리저리 왜곡하기도 쉽다.

거꾸로 생각해보자. 사람들에게 공감받기 위해 말하길 좋아하도록 만들어져 있는 사람에게, 내 얘기를 하기보다 그의 말을 많이 들어주며 공감해준다면 어떨까? 이보다 좋은 처세가 없다.

반려동물 훈련 분야에서 최정상에 있는 강형욱 훈련사와 심리 상담 분야에서 최정상에 있는 오은영 박사에게는 공통점이 있다. '뛰어난 문제해결력? 방대한 전문가적 지식?' 아니다. 그건 한 분야의 전문가라면 당연히 가져야 하는 덕목이다. 마치 축구선수에게 있는 체력처럼 말이다.

바로 **'공감 능력'**이다. 강형욱 훈련사와 오은영 박사는 내담자들과 이야기를 할 때 발군의 공감 능력을 발휘한다. 마치 그들의 이야기가 본인들의 일인 것처럼 공감한다. 그리고 상대방이 이야기할 때는 숨소리조차 내지 않을 정도로 경청한다.

다들 이런 경험해 본 적이 있지 않은가? 어떤 고민을 친구들에게 토로했는데 조언이랍시고 이러쿵저러쿵 이야기를 해줄 때, 해결은커녕 오히려 마음이 찝찝하거나 더 고민이 깊어진 경험 말이다. 그 이유가 무엇일까? 우리는 친구에게 고민을 토로할 때 해결책을 얻기 위해 고민을 이야기하는 게 아니기 때문이다.

"내가 어제 여자친구랑 이래서 싸웠고 저래서 싸웠는데 내가 잘못한 거냐?"

"야, 그게 왜 너 잘못이야? 너 잘못한 거 하나도 없어! 기분 풀고 맥주나 한잔하자."

이런 공감이 필요한 것이다. 이처럼 **인간관계에서 최고의 처세는 '많이 듣고 나의 말을 아끼는 것'**이다. 인간관계 개선을 위해 심리학을 공부하고, 상대방과 대화를 잘하기 위한 화법을 익히는 것도 물론 중요하겠지만 **대화의 가장 큰 본질은 공감과 경청**에 있다.

내가 보험영업사원 시절 팀장 직책을 맡았을 때인데, 한 팀원이 이런 질문을 해왔다.

"팀장님은 어떻게 하시기에 고객들과의 첫 만남에서도 계약을 성사시키시나요? 저는 첫 만남에 아무리 설명을 잘해도 어렵더라고요."

그때 내가 해준 대답은 이러했다.

"첫 만남에 계약을 받아올 수 있는 비결은 설명을 잘해서, 영업을 잘해서가 아니에요. 그 고객이 나를 만나기 이전에 보험영업사원에게 가지고 있던 불만에 대해 공감했고, 앞으로 원하는 보험영업사원의 모습에 대한 이야기를 최대한 열심히 경청했을 뿐이에요. 고객이 이미 문제점과 해결방안을 제시해주는데, 제가 길게 설명할 필요가 없죠."

    사실 모든 문제는 대화로 90% 이상 해결이 가능하고, 그 대화들의 80%는 공감으로 이루어져 있다. **말은 거울이고, 귀는 내 얼굴이다.** 내가 뱉는 말은 내가 의도하는 나의 모습이고, 내가 듣는 자세는 남이 생각하는 나의 모습이다.

180만 유튜버, 100억 자산가 신사임당의 성공 비법은 '끄덕임'이라고 합니다.

처음부터 완벽한 계획은

(　　없다.　　)

성공한 모든 이들의 연습장은 낙서투성이이고,
스포츠 경기 중 MVP를 수상하는 선수의 유니폼은
더러워져 있는 법이다.

PART 3.

지금은
너무나도
성공하기
쉬운 세상

정직함이 특기가 되고, 성실함이 무기가 되는

이상한 세상

　우리 부모님 세대에는 30분 일찍 출근해서 업무를 준비하는 상황이 당연했다. 맡은 바 일을 마무리하지 못하면 야근을 하는 것 또한 당연했다. 업무에 미숙할 땐 커피 한 잔과 노트를 들고 선배를 찾아가 팁을 얻기도 했으며, 때론 사회생활이라는 명목하에 선배들에게 아부를 떨어가며 눈도장을 찍기도 했다. 나이가 어리거나 경력이 짧으면 청소 업무를 하는 게 당연하기도 했다.

　요즘 세대에게 이런 이야기를 하면 하나같이 같은 반응이다.

　"너무 불합리한 거 아니에요?"

　"어휴, 꼰대들…."

하지만 나는 좀 생각이 다르다. 30분 일찍 출근하는 게 손해라고 생각할 수 있지만, 하루를 일찍 시작할 수 있고 오늘 있을 계획을 세워나가면 되니 하루를 수월하게 맞이할 수 있다. 야근을 하면 개인 시간이 줄어들어서 불합리하다고 생각할 수 있지만 어차피 다음 날 해야 할 일이고, 당일에 마치지 못하면 업무 관계자들에게까지 피해가 갈 수 있으니 마무리 지어야 하는 것이 당연하다.

모르는 업무나 지식이 있으면 유튜브나 블로그를 찾아보면 되지 싶을 수 있지만, **실무자에게서 나오는 현실적인 조언들은 앞으로의 직장생활에서 큰 거름이 될 것이다.** 청소나 복사 업무 같은 작은 것들까지도 할 줄 알아야 나중에 후배나 신입사원이 입사했을 때 사수로서 교육을 해줄 수도 있을 것이다.

과거엔 당연했던 것들이 현재는 부조리가 되어 있는 경우가 많다. 그러다 보니 젊은 신입사원이 30분 일찍 출근해서 청소를 하고 있거나 서류를 파쇄하고 있으면 요즘 청년답지 않게 성실하다며 인정받기 시작한다. 다들 퇴근하더라도 맡은 바 업무를 마치고 가겠다며 의연하게 야근을 하는 모습을 보이면 "이 친구 참 정직하고 요즘 사람답지 않게 된 사람"이라고 칭찬을 받기도 한다. 선배들에게 팁을 얻으려고 음료수나 간식거리를 사 들고 찾아가면 "너무 열정적이라서 과거의 나를 보는 것 같다"며 이쁨을 받기도 한다.

참 웃기는 세상이다. 정직함이 특기가 되고, 성실함이 무기가 되니 말이다.

요즘 젊은이들에게 꼭 해주고 싶은 말이 있다.

2020년대를 사는 우리는, **참 성공하기 쉬운 세상에 살고 있다.** 나 자신을 위해 정직하고 성실하게 최선을 다하며 사는 것인데도 주변에서 도와주고 싶다며 두 발 벗고 나서주니 말이다. 이 말을 누군가는 가볍게 웃으며 흘려보낼 수 있지만, 조금만 진지하게 받아들여 봤으면 좋겠다.

우리는 진심으로 성공하기 쉬운 세상에 살고 있다. 그렇다고 무식하게 잠을 줄여가며 매일 1시간씩 미리 출근하라는 것도, 할 일도 없는데 억지로 야근을 하라는 것도 아니다. 선배들의 자리까지 대신 치우라는 것 또한 아니다. 업무 수행 능력이 뛰어난 사람이라면 제시간에 와도 문제없이 일을 해결할 수 있고, 평소에 정리가 습관이 되어 있거나 배려가 몸에 배어 있는 사람이라면 크게 신경 쓰지 않아도 주변이 청결할 것이며, 멀티태스킹이 잘 되는 사람이라면 퇴근 전까지 맡은 바 업무를 잘 마무리할 것이다.

내가 하고 싶은 말은 '우리는 뛰어난 상위 10%의 사람들'이 아니라는 것이다. 절대다수를 차지하는 하위 90%라고 생각해야 한다. 1년 365일 기계처럼 실수 없는 삶을 살 수 없고, 더군다나 상황에 따라 예기치 않은 일이 벌어질 수도 있다. 그러니 겸허히 받아들여야 한다는 것이다.

배차시간을 고려하다 보니 회사에 일찍 도착했다고 억울해하지 않앉으면 좋겠다. 하루를 일찍 시작하면 얼마나 뿌듯한가. 또 직장 상사에게 꾸중을 듣거나 야근을 하게 된다고 해서 불합리하다고만 생각하지 않았으면 좋겠다. 당신의 업무 능력 향상을 위한 꾸중일 뿐이고, 참고 버티면 결국 **나의 능력 향상으로 고스란히 남을 것이기 때문**이다. 맡은 바 업무를 책임감 있는 모습으로 마치고 퇴근하며 상사에게 이렇게 문자를 보내보라.

'팀장님 맡은 바 업무 잘 마무리하고 현 시간부로 사무실 소등 후 퇴근합니다. 오늘 퇴근하시는 데 업무를 딜레이시켜서 걱정 끼쳐드린 것 같아 죄송합니다.'

이런 문자를 받은 상사들 중에서 당신을 좋게 보지 않을 사람은 단 한 명도 없다. 당신도 정직함이 특기가 되고 성실함이 무기가 되는 이 이상한 세상을 한번 이용해보고 싶지 않은가?

과거에는 개근상이 별로 의미가 없었는데, 요새는 개근상이 스펙이라면서요?

평범함을 인정하는 순간부터 비범해진다

100억대 자산가이자 유튜버인 (구)신사임당에게 한 구독자가 이렇게 질문했다.

"신사임당 님은 평범해지지 않기 위해 어떤 노력을 하셨나요?"

그러자 신사임당이 이렇게 대답했다.

"평범함을 인정하는 순간부터 평범하지 않아지기 시작하더라고요."

토씨 하나하나 다 맞는 말이다. **우리는 평범함을 인정하는 순간부터 비범해진다.** 책 서두에 이야기한 것처럼 대부분의 사람은 비행기가 추락해도 본인은 살아남을 수 있을 거라고 생각한다. 인생을 대충 살아도 성공할 수 있을 거라고 생각한다는 말이다. 자의식 과잉이다.

이 개념을 대한민국에 대중화시켜주신 자청 님께 감사드린다.

자의식 과잉을 해체하지 않으면 평생 성공할 수 없다. 예술가가 될 게 아니라면 **절대다수에 속하는 우리는 평범한 사람임을 인정해야 한다.** 올림픽에 출전하는 선수들처럼 뛰어난 신체 능력을 가진 것도 아니고, 백과사전을 눈으로 보고 10분 만에 외워버릴 수 있는 AI도 아니다. 절대적으로 인풋(input)의 노력만큼 아웃풋(output)의 결과물이 나온다는 말이다.

평범함을 인정한다는 것은, 내가 무슨 일을 했을 때 원하는 결과가 나오지 않았다고 해서 화내고 짜증내고 포기하지 않아야 한다는 의미다. 왜냐하면 내가 뛰어나지 않았고 노력이 그만큼 부족했기 때문임을 인정하면 되니까. 평범함을 인정하는 순간, 행동은 변화한다. 실패했거나 결과가 더뎌도 주저하지 않게 된다. 다시 해보면 되니까 화를 낼 이유도 자책할 필요도 없다. **자신이 평범한 사람임을 인지하기 시작할 때 그 사람은 비범해지기 시작한다.**

대부분의 평범한 사람은 한 번 실패하고 나면 다시 도전하지 않는다. 일부 비범한 사람은 실패해도 2~3번은 다시 도전한다. 그리고 극소수의 특별한 사람들은 성공할 때까지 도전한다. 이게 바로 평범함을 인정했을 때 비범해지기 시작하는 이유다. 그러니 가장 보통의 삶을 살고 있는 자신을 인정하고 사랑해주기 시작해야 한다.

그러나 대부분은 주변 사람과 자신을 비교하기에만 정신이 없다. 특히 요즘처럼 SNS가 활발해져 있는 세상에는 더욱더 그렇다. 인스타그램만 켜면 나 빼고 모든 사람이 다 잘나가고 잘사는 것만 같다. 모두 예쁘고 멋지기만 한 것 같고, 다들 여유가 어디서 나는지 골프와 테니스를 치러 다니며 허구한 날 해외여행을 다니거나 오마카세다, 파인다이닝이다 비싸기만 한 한끼를 자랑하기 바쁘다.

당부하자면, **그런 것에 휘둘리지 않는 것부터가 행복의 시작이다.** SNS에는 모두가 자신이 가진 최고의 순간만을 장식할 뿐이다. 가장 비싸게 먹고 마시는 것들만을 게시하고, 평소에 가보지 못한 곳들만을 포스팅한다. 그러라고 있는 채널이니까. 그런 사진을 올리는 그들도 다음 날 아침이면 출근하고 저녁이면 야근한다. 저녁 메뉴를 고민하다가 라면을 끓여 먹기도 하고 친구들과 소주잔을 기울이기도 한다. 그들도 결국 우리와 같은 사람이다. 하루에 2시간씩 메이크업하고 3시간씩 포토샵해서 올리는 인스타그램 유명인들의 사진과 동영상에 열등감을 가질 필요가 전혀 없다는 이야기다.

우리의 외모는 길거리에 지나가는 나와 같은 성별을 가진 사람 10명의 평균이며, 우리의 지식 수준은 내 주변에 있는 가장 가까운 지인 10명의 평균이다. 자신의 친구 중에 차은우, 박보검이 있거나 일론 머스크나 이재용이 있는 게 아니라면 우린 지극히 평범한 사람들이 맞다.

나는 어릴 때부터 고르지 못한 치열이 항상 콤플렉스여서 손으로 입을 가리지 않으면 잘 웃지도 못했다. 모든 사진이 다 무표정으로 찍혀있다. 셀카를 찍을 때도 보정 어플을 과도하게 설정해서 찍곤 했다. 오죽하면 친구들이 "넌 좀 과해"라고 했을까. 그러다 보니 어느 순간 단체 사진 찍는 것을 회피하게 되고, SNS에 무보정본 사진을 업로드 하는 것이 두려워지기 시작했다. 덩달아 웃음까지 사라지기 시작해서 사람들에게 차가운 사람, 다가가기 어려운 사람으로 인식되기 시작했다. 그때 나는 뭔가 대단히 잘못되고 있다고 느꼈다. 그러고 나서 하나 깨달은 게 있다.

'보정 어플로 찍은 내 사진이 아무리 멋지고 잘생겼다 한들 그게 무슨 의미일까? 그런 내 모습에 이끌린 사람들이 실제로 나를 마주하면 사진과 다른 나의 모습에 실망하지 않을까? 그럼 오히려 100만큼의 기대감을 가지고 나를 만났다가 50으로 줄어들 텐데 그럼 오히려 반감을 사게 되지 않을까?'

그때부터 사람들 앞에서 치아를 보이며 웃는 것에 점점 익숙해져 갔고 다행히 그 모습을 사람들이 더 좋아해줬다. 밝아 보이고 따뜻해 보인다고 말해주는 사람들도 늘어갔다. 또 보정이 들어가 있지 않은 사진을 업로드하는 것에도 두려움이 사라졌다. '이게 난데 어떻게 하겠어?'라는 마음가짐으로 시작해서 이제는 '요새 피부과도 다니고 스킨케어도 열심히 했더니 나름 봐줄 만하네?' 하는 마음가짐으로 변했다.

나를 사랑하는 마음, 즉 자존감이 올라간 것이다. 비범한 사람으로 보이기 위해 나를 숨기고 감싸는 행위보다는 평범함을 인정하고, 내면부터 가꾸어 나가면서 그것이 외면으로까지 표출되도록 하는 것이 더 지혜로운 일이다.

비범함은 어느 한순간 태어나는 것이 아니라 평범한 일상이 쌓인 결과이다.
- 다산 정약용 -

성공하는 사람들은 다 이유가 있다

 사회탐구 일타강사 이지영 선생님이 유튜브 라이브 스트리밍을 통해 통장 잔고를 공개했던 게 화제가 된 적이 있다. 대충 보더라도 130억이라는 수치여서 경악을 금치 못했던 게 기억난다. 그리고 다수의 매체에 출연해서 매년 100억 이상 이상의 소득을 10년 이상 유지하고 있다고 밝혔다. 어떤 사람들은 '얼굴이 예뻐서, 과목을 잘 타고나서' 등의 시기, 질투가 섞인 악플을 남기기도 했지만, 나는 한동안 유튜브에서 이지영 선생님이 나온 영상을 모조리 다 찾아보기도 했었다.

 선생님은 10년째 잠을 3~4시간 정도 자면서 하루에 16시간 이상의 강의를 하고 있다고 했다. 2000년대 초반 강의 목소리와 지금의 목소리만 비교해보더라도 얼마나 강행군을 이어가고 있는지 대충

짐작이 간다.

    동양인 최초로 잉글랜드 프리미어 리그에서 득점왕을 차지한 손흥민 선수는 프로 축구선수 첫 데뷔골을 넣은 날 저녁, 아버지 손웅정 감독님에게 휴대폰을 압수당했다고 한다. 골을 넣었다고 해서 뭐라도 된 양 아들이 거만해지는 것을 막기 위해서 아버지가 내린 특단의 조치였다. 20대 초반 어린 나이에 인터넷 댓글 등을 확인하며 첫 데뷔골의 기쁨과 우쭐함을 만끽할 만도 했지만, 휴대폰을 빼앗긴 손흥민 선수는 묵묵히 운동장으로 나가 몇 년을 지켜온 리프팅 훈련과 운동장 5바퀴를 도는 루틴을 지켰다고 한다.

    이처럼 성공한 사람들은 다 이유가 있다. **성공은 가만히 있는다고 바람처럼 불어와 우리를 목적지로 데려다주지 않는다.** 이미 성공한 멋진 사람들과 어울리기만 한다고 해서 성공할 수 있는 것도 아니다. 내가 성공할 만한 그릇을 가졌는가를 의심해봐야 한다. 또 나의 평소 습관이 남들이 생각했을 때 혀를 내두를 정도로 치열하지 않다면, 아직 성공하지 못한 이유가 본인에게 있는 것이 아닌지 의심해봐야 한다.

    다시 강조하지만 성공한 사람들은 그냥 성공한 것이 아니다. 분명 이유가 있다. 그러니 내 성공의 명분을 남에게서 찾지 마라. 인맥에 목숨을 걸지도 마라. 내가 좋은 사람이 되면 곁에 좋은 사람이 저절로 모여든다. 현재 내 곁에 좋은 사람이 모이지 않는다는 건 겉으로 좋은 향기가 나는 꽃이 아니라는 뜻이다. 벌이 되어 좋은 향기가 나는 꽃을 찾아다니는 사람이 될 것인가, 꽃이 되어 사람들이 모여들게 하는 사람이 될 것인가?

사업을 하다 보면 여러 분야의 사람들을 많이 만난다. 많은 명예를 얻은 분들, 상상도 못 해볼 만큼의 부를 축적하신 분들, 엄청난 경지의 깨달음을 얻으신 분들 등등 **그들에게는 하나같이 '지독하다'는 공통점**이 있다. "어휴, 그렇게까지 하세요?"라는 말이 절로 나올 정도이다.

〈유 퀴즈 온 더 블럭〉이라는 프로그램에 손흥민 선수의 아버지인 손웅정 감독님이 출연해서 이런 말씀을 하셨다.

"보통 12시쯤에 잠이 들고 알람도 없이 새벽 4시 30분이면 깨어난다. 그래야 손흥민 선수의 하루 루틴이 오차 없이 흘러갈 수 있다."

아무리 자식이라도 저 정도의 지독함을 가진 서포트가 없었다면 지금의 손흥민 선수는 없었을 것이다.

지독함이 꼭 성공의 필수 요소는 아니다. 천재적인 재능을 가져서 하는 것마다 대박을 내는 사람도 있으니까 말이다. 하지만 여러 번 말했듯 우리는 평범하기에 적어도 지독함이라는 요소는 갖춰야 성공할 만한 이유가 생기지 않겠는가?

나는 최근 들어 부쩍 주변 지인들로부터 책 추천 요청을 많이 받는다. 그럴 때마다 내가 자주 권하는 책이 바로 『타이탄의 도구들』이다.

저자 팀 페리스는 글로벌 CEO, 석학, 언론인들과의 인터뷰를 통해 그들의 성공 노하우를 정리했는데 읽다 보면 절로 고개가 끄덕여진다. 그만큼 공감 가는 내용이 많다. 물론 모든 부분에 다 공감이 되는 건 아니지만, 적어도 하나만큼은 확실하게 배울 수 있었다.

'성공한 사람들은 하나같이 **뚜렷한 목표 의식**(생존 대책)을 갖고 있다'는 점이다. 그리고 자신만의 루틴이 있었다. 매일 아침 일찍 일어나 명상을 하고 운동을 하며 일기를 쓰는 등 규칙적인 생활을 유지한다. 또 일희일비하지 않고 평정심을 유지하려 노력한다. 그런 모습을 보고 있노라면 나도 모르게 자극을 받게 된다. 지금 당장이라도 뭔가를 해야겠다는 의욕이 샘솟는다. 결국 좋은 기운을 받아 긍정적인 에너지를 발산하게 되는 셈이다. 그러니 어찌 권하지 않을 수가 있겠는가.

세상엔 두 부류의 사람이 있다. 자신만의 목표를 세우고 그것을 이루기 위해 노력하는 사람과 아무런 목표 없이 되는 대로 살아가는 사람. 전자는 후자에 비해 인생이라는 마라톤에서 앞서갈 확률이 높다. 물론 누구나 다 아는 뻔한 소리라고 치부할 수도 있다. 만약 당신이 지금까지 살아오면서 단 한 번이라도 무언가를 간절히 원해본 적이 없다면 그건 분명 잘못된 삶일 것이다. 왜냐하면 인간은 본능적으로 원하는 걸 이루고 싶어 하기 때문이다. 따라서 **가슴속에 뜨거운 열정 하나쯤은 품고 살아야 한다.** 그래야 내가 진짜 원하는 게 무엇인지 알 수 있고 또 그걸 향해 나아갈 수 있기 때문이다.

**나는 항상 독서실에 마지막까지 남아 공부를 한다.
참 웃기는 일이다. 내가 공부를 제일 잘하는데,
내가 제일 열심히 한다.
- 서울대 의예과 수석 합격자의 글 -**

도대체 무엇이
우리가 최선을 다하는 데
방해가 되는가?

최근 들어 부쩍 무기력증을 호소하는 사람들이 많아졌다. 의욕이 없고 매사에 힘이 없어 일이든 공부든 손에 잡히지 않는 데다 열심히 노력해도 성과가 나오지 않으니 자신감마저 떨어진다고 한다. 대체 뭐가 문제일까? 능력이 부족한 탓인가? 아니면 주변 환경이 열악한가? 그것도 아니라면 나에게 주어진 기회가 적은 걸까?

사실 냉정히 따져보면 그런 건 전혀 없다. 그럼에도 불구하고 계속 제자리걸음이니 답답할 노릇이라고 한다. 이럴 땐 정말이지 모든 걸 포기하고 싶은 심정이라고 하소연하는 이들이 많다. 만약 이 글을 읽고 있는 당신도 그렇다면 다음 질문에 답해보자.

"지금까지 살아오면서 무언가를 이루기 위해 최선을 다해본 적이 있는가? 있다면, 그때 기분이 어땠는가?"

아마 가슴속 깊은 곳에서부터 뜨거운 열정이 솟아올랐을 것이다. 그리고 마침내 원하는 바를 이루었을 때 세상을 다 가진 듯한 성취감을 느꼈을 것이다. 반대로 아무런 시도조차 하지 않았다면 어떨까? 아마도 아무 느낌 없이 그저 무덤덤했을 것이다. 그렇다. 결국 **핵심은 마음가짐이다.** 무슨 일이든 마음먹기에 달려 있다는 의미다. 그러니 이제부터라도 긍정적인 마인드를 장착해보자. 그러면 머지않아 좋은 날이 찾아올 것이다.

나는 "할 만큼 했어"라는 말과 "얼마큼 더 해야 돼?"라는 말을 가장 싫어한다. 더불어 '슬럼프'라는 단어도 이해하지 못한다. 도대체 얼마나 지독하게 노력했기에, 인생에 얼마나 큰 전성기를 맞이했기에 전의를 잃어버린 패잔병처럼 축 늘어져 슬럼프가 왔다고 말하는 것일까? 정말 가슴에 손을 얹고 하루 8시간 꼬박 자고, 퇴근 이후 새벽까지 자유시간 보내고, 주말이 되면 친구들과 술 마시고 놀 거 다 즐기며 최선을 다했다고 말할 수 있을까?

세계적인 복싱선수인 플로이드 메이웨더는 한 인터뷰에서 이렇게 말했다.

"내가 성공한 이유는 남들이 8시간을 잘 때 잠을 절반으로 줄이고 남은 4시간을 더 훈련했기 때문이다. 그게 나의 성공 방법이다."

테슬라와 스페이스X를 설립한 일론 머스크는 이렇게 말했다.

"매일 16시간씩 일주일에 7일을 일한다. 그걸 8년째 반복하고 있다. 그래도 아직 사람들은 내 성공을 운이 좋았다고 표현한다."

천부적인 재능은 죽을 각오로 한 노력을 이기지 못한다. 본인이 예술가가 될 게 아니라면 게을러서는 재능으로 인정받을 수 없다. 지금 최선을 다하고 있다고 생각하는데 원하는 결과를 얻지 못하고 있다면 다시금 스스로를 의심해보아야 한다. 도대체 무엇이 우리가 최선을 다하는 데 방해가 되는가? 변명하지 않아야 한다. 변명은 내가 성공하지 못한 탓을 남에게 돌리는 것밖에 되지 않는 구차함의 산물이다. 감기에 걸렸다고 일을 못 하지 않는다. 차가 고장 났다고 출근을 못 하지는 않는다. 기분이 좋지 않다고 세상이 멈추지 않는다. 방송인 이경규는 부모님이 돌아가신 날에도 녹화를 했다고 한다.

내가 아는 가장 성공한 분 중 200억 원 규모의 회사를 운영하는 대표님이 계신다. 평소 약속 지키는 것을 굉장히 중요하게 여기시는데, 하필 50억 원 규모의 외주 계약을 맺으러 가는 날 예기치 않은 교통사고가 나서 약속에 30분이나 늦었다고 한다. 일반 사람들 같았으면 멘탈이 무너졌을 것이다. 하지만 대표님은 오히려 침착함을 유지하면서 당시 할 수 있는 최선의 선택을 하자고 마음먹었고, 다행히 계약은 문제 없이 잘 진행이 되었다고 한다. 결과적으로 아직 일어나지 않은 일에 대해 상황 탓을 하며 미래를 안 좋게 예측하는 것은 그 상황을 더 나쁘게 만들 뿐이다. 변명보다는 어떤 일이 닥치더라도 그 상황에 몰입해 해결책을 만드는 것이 더 중요하다. 이처럼 성공한 이들은 결국 결과를 만들어낸다. 무조건 최선을 다해라. **내가 생각한 만큼 말고 남들이 봐도 혀를 내두를 정도로 말이다.**

그럼에도 불구하고 결과가 나오지 않는다면 어떻게 해야 할까? **될 때까지 더 하면 된다.** 성공한 사람들과 성공하지 못한 사람들의 가장 큰 차이는 될 때까지 하지 않는다는 것이다.

후회 없는 삶을 위한 한 단어는 '최선'이라고 한다. 최선이란 무엇일까? 사람마다 최선의 기준이 다를 것이다. 다만 내가 할 수 있는 최선이 무엇인지를 알아야 한다. 박지성은 운동장에서 팀을 위해 두 개의 심장이라는 별명이 붙을 정도로 최선을 다해 뛰었고, 김연아는 차가운 아이스링크 위에서 피겨 기술을 연마하기 위해 최선을 다해 수만 번의 엉덩방아를 찧었다. 엄홍길은 극한의 상황에서도 정신력으로 최선을 다해 등반에 성공했다. 이렇듯 세상을 살아가는 데 '최선'이라는 단어가 너무 어렵게 느껴진다면, 그냥 나로서 할 수 있는 '최선'이 무엇일까 고민해보면 된다.

나는 '최선'이라는 단어를 이렇게 정의한다.
'매 순간 주어진 일에 변명하지 않고 이뤄질 때까지 하는 것.'

나는 영업사원 시절 스스로와 한 가지 약속을 했다. 아무리 춥고 더

워도, 두 다리가 버티기 힘들 만큼 지쳐도 '택시'라는 교통수단을 이용하지 않겠다고 말이다. 남들이 생각했을 땐 '굳이?'라고 생각할 수 있겠지만 나 스스로에겐 큰 의미를 가진 약속이었다.

내가 생각한 택시라는 교통수단은 충분히 버스나 지하철 혹은 도보로 움직일 수 있는 거리를 돈을 이용해 편리함과 맞바꾸는 것이라고 생각했다. 그래서 나는 자가용을 구매할 때까지 택시를 단 한 번도 타 본 적이 없다.

이외에도 주말을 포함해 단 하루도 빠짐없이 아침 6시 30분에 일어나겠다는 약속을 어겨본 적 없고, 감정적으로 아무리 힘들어도 SNS에 부정적인 글을 포스팅하거나 술을 마시는 모습을 게시하지 않겠다는 약속 또한 지금까지 어기지 않았다.

어쩌면 '최선'이라는 것은 거창한 것이 아니다. 내가 나 스스로와 약속해 죽을 때까지 어기지 않을 수 있는 것, 즉 **루틴을 변명 없이 해나가는 것이 최선인 것**이다.

죽을 것 같은 거지 죽지는 않는다.

자기애를 벗고 사고를 전환해야 한다

한국 사람 대부분이 흔히 좋아하는 순대국밥은 어느 식당엘 가도 맛있다. 참 신기하지 않나? 어딜 가든 큰 편차 없이 맛있다. 이유가 뭘까?

참 단순하면서도 소름 돋는 사실이 있다. 먹는 사람이 간을 직접 하기 때문이다. 싱거운 상태로 담겨 나와 먹는 사람이 후추, 소금, 새우젓갈, 들깨가루 등으로 직접 간을 한다. 본인의 입맛에 맞게 말이다. 그러니 순대국밥을 못 먹는 사람 말고는 어찌 맛이 없을 수 있겠는가?

대부분의 사람은 본인의 능력을 과대평가하는 기질을 가지고 있다. 본인이 작성한 보고서가 완벽한 것 같고, 본인이 계획한 기획안이 상사에게 칭찬받을 것 같다는 생각을 흔히 한다. 어린아이들이 유치

원이나 학교에서 무언가를 만들었는데 칭찬받고 싶은 마음에 부모님에게 가져다주며 '저 잘했죠, 엄마?' 하는 것과 다르지 않다. 성인이 된 이후에도 비슷하다.

휴대폰을 보다가 웃긴 것이 있으면 꼭 '이거 나중에 친구 보여줘야겠다 진짜 웃기네' 하며 저장해놨다가 다음 날 친구에게 보여준다. "이거 진짜 웃겨. 봐봐, 보고 배꼽 빠지는 줄 알았네" 하고 휴대폰을 내밀지만 막상 친구들은 그렇게 크게 웃지 않았던 경험이 다들 있을 것이다.

맛집도 마찬가지다. "여기 진짜 맛있어. 먹어봐" 하고 친구들에게 기대감을 한껏 높여 놓았는데 친구들의 반응이 떨떠름해서 실패한 경험 말이다. 이 모든 것은 '자기애'에서 비롯된 취향을 타인에게 공유한 것이다. 상대방에게서 원하는 결론이 나오지 않는 것이 당연하다.

성공한 자영업자들이 예비 창업자들에게 꼭 전해주는 이야기가 있다.

"사장님들이 하고 싶은 거 하지 마시고, 손님들이 원하는 걸 하세요."

대부분 자신이 기획하고, 제작하고, 요리하는 순간 '자부심'이라는 감정이 생겨난다. 그리고 그것이 곧 '자기애'로 발전한다. 그리고 상대방에게 그것을 내보였을 때 '결과에 대한 기대'를 하게 된다. 하지만 억울하게도 대부분의 상황에서 원하는 결과가 나오지 않는다.

"보고서를 이렇게밖에 못 만들었어?"

"이게 기획안이야? 다시 짜와!"

"생각보다 내 입맛에는 안 맞는데?"

사람이다 보니 이런 반응을 마주하면 적잖이 실망하게 된다. 그리고 그런 경험이 하나둘 쌓이면 점점 '방어 기제'가 생기며 누군가에 무엇을 내보이는 것에 대한 '두려움'이 자란다. 점점 더 부정적인 영향들만 생겨나는 것이다.

사고를 전환하여 반대로 생각해보자. **앞으로 모든 일을 계획하거나 실행할 때 '나의 입장'이 아니라 '남의 입장'에서 생각**하는 것이다. 즉, '소비자'가 아니라 '제작자'의 입장이 되어보는 것이다.

만약 상사에게 기획안을 제출해야 한다면 1차적으로 소비자의 입장을 생각해본 뒤 작성하여 세일링 포인트를 강조하고, 이후 2차적으로 최종 결재 권한을 가지고 있는 상사의 입장을 생각해 기획안을 작성한다. 이후 마지막에 최종적으로 작성자 개인의 견해가 들어가 있는 짧은 포인트를 남기는 것이다. 이렇게 하면 '나의 입장 100%'로만 작성한 기획안보다는 훨씬 좋은 효과를 가져올 수 있을 것이다.

게다가 원치 않는 결과가 나온다고 하더라도 세상에 내보내져 실패작으로 만들어지는 것보다 기획 단계에서 더욱 완벽하게 계획할 수 있다는 것이 훨씬 더 효율적인 과정임에 틀림없다.

자기애를 벗으라는 이야기는 줏대를 없애라는 소리가 아니다. 성인이 되어 사회의 구성원으로 살다 보면 예술가를 제외하고는 '나'보다는 '남'을 위해 살아야 하는 경우가 훨씬 많다. 그리고 **'남'을 만족시켰을 때 얻는 보상에서 경제적 자유를 누리게 될 가능성이 높다.** 고객에게 감정적 안정을 제공하는 서비스업, 고객에게 멋진 제품을 전달하는 판매업, 고객의 문제를 해결해주는 전문직업 등 말이다. 모두 주체가 '고객', 즉 '남'이다.

만약 자신이 옷가게를 하는데 '내 몸에만 딱 맞는 옷'을 판매하면 잘 팔리지 않을 것이다. 사람마다 체형과 맵시가 다 다르기 때문이다. 이처럼 모든 일에는 각 주체 간의 입장이 있다. 그리고 그들 중 '어떤 이들의 입장을 우선시해야 할까?'에 대한 우선순위를 결정하여 일한다면 능률은 올라갈 수밖에 없다.

**자기애는 자신이 틀리지 않았다고 굳게 믿게 만든다.
결국 당신은 진실과 멀어지게 되는 것이다.
- 개리 마커스 -**

기회가 화살처럼 쏟아지는 세상

많은 사람이 현시대는 기회가 화살처럼 쏟아지는 세상이라고 말하지만 나의 생각은 좀 다르다. 현시대가 아니라, 지금까지 살아온 세상은 항상 그랬다고 생각한다. 물론 앞으로는 잘 모르겠다. 기회가 없어질지 생겨날지까지는. 다만, 아직까지는 기회가 화살처럼 쏟아지고 있는 세상이라는 생각이 든다.

감미로운 목소리와 엄청난 가창력으로 모르는 사람이 없는 가수 허각은 원래 환풍기 수리공이었다. 음악을 좋아했지만 형편이 여의치 않아 생업을 택했다고 했다. 한강에 있는 화장실의 환풍기는 전부 허각이 달았다고 해도 과언이 아니라는 일화는 유명하다. 〈범죄도시〉 위성락

역으로 흔히 알고 있는 영화배우 진선규는 과거 집에 쌀이 없어서 눈물을 훔쳤다는 이야기를 방송에서 한 적이 있다.

이 두 인물의 공통점은 꽤 오랜 기간을 무명으로 고생했지만 한순간에 성공을 맛보았다는 것이다. 허각은 〈슈퍼스타K〉 오디션 프로그램으로, 진선규는 〈범죄도시〉라는 영화로 말이다. 과연 이 두 인물이 한순간에 성공한 사람이 될 수 있었던 것이 비단 운 때문이었을까?

나는 매 순간 본인들에게 다가온 기회를 허투루 사용하지 않고 성공으로 변화시키기 위해 최선을 다했기 때문이라고 생각한다. 〈슈퍼스타K〉에는 총 70만 명의 사람이 지원했고, 〈범죄도시〉 오디션은 1500:1의 경쟁률을 자랑했다고 한다.

다시 한번 묻고 싶다. 과연 이게 운으로만 가능한 것일까?

세상을 살아가다 보면 때론 눈에 보이는, 때론 눈에 보이지 않는 기회가 수많은 방향에서 화살처럼 쏟아진다. 직장에선 승진의 기회, 능력을 증명할 수 있는 기회, 브리핑을 잘할 수 있는 기회로, 사랑에선 결혼의 기회, 매력 어필의 기회, 인생 최대의 인연을 만날 수 있는 기회로, 인생에선 누군가의 꿈이 될 수 있는 기회, 성공할 수 있는 기회, 부자가 될 수 있는 기회 등으로 말이다.

화살처럼 쏟아지는 기회란, 본인이 모든 일을 어떻게 받아들이냐에 달려 있다고 해도 과언이 아니다. 단순히 매일 아침 일찍 눈을 뜨는 행위는 모두가 할 수 있다. 하지만 누구는 미라클 모닝으로 개인 SNS에 그것을 기록하기도 하고, 누구는 일기를 작성한다. 누구는 단체방을 개설해 그 영향력을 널리 퍼트리기도 한다. 그로 인해 동기부여 연설가가 되어 강연을 나가는 사람들도 있다. **아주 작은 행위라도 기회로 만들 수 있다**는 이야기다.

세상에는 내가 무슨 말을 하든, 무슨 행동을 하든 나를 제외한 수천만 명의 사람이 나를 지켜보고 있다. 그중에 어떤 도움을 어떤 방식으로 줄 수 있는 사람이 나타날지는 아무도 모르는 것이다. 기회를 잡는 사람이 되어야 하지 않겠는가?

**인생은 매 순간이 면접 같은 거예요.
면접 볼 땐 면접관에게 잘 보이려고
최선을 다하잖아요.
근데 평소에는 왜 그렇게 살지 않나요?**

PART 4.

인생에서
절호의 기회는
한 번이 아니다

기회는 준비된 자의 눈에만 보인다

누구에게나 인생 역전의 기회는 찾아온다. 하지만 그것을 잡는 사람은 극소수에 불과하다. 왜냐하면 기회라는 놈은 평소엔 잘 보이지 않다가 어느 순간 갑자기 모습을 드러내기 때문이다. 어쩌면 '이렇게나 많았어?'라고 생각할 정도로 말이다.

하지만 이렇게나 수많은 기회가 모두의 눈에 보이는 것은 아니며, 모두에게 결과를 만들어주지는 않는다. **기회는 준비된 자의 눈에만 보이기 때문이다.** 따라서 미리미리 준비가 되어 있지 않으면 결코 잡을 수가 없다.

예를 들어, 카페를 차리고 싶은 두 청년이 있다고 가정해보자. A 청년은 카페 창업을 위해 직장에 다니며 매달 꾸준히 저축을 하고, 주말에는 카페 세미나 혹은 원두 로스팅을 공부하기 위해 예비 바리스타 모임에 나간다. 반대로 B 청년은 카페 창업을 하고는 싶지만 현재 다니는 직장에서의 일이 너무 고되기 때문에 카페에 대해 알아보기 힘들어한다. 저축을 하고 싶지만 당장 먹고살기에도 빠듯하기 때문에 상황이 여의치 않다.

어느 날 A 청년과 B 청년이 일요일 점심 연남동에 있는 카페에서 만나 수다를 떨고 식사를 위해 음식점으로 이동하다가 문을 닫은 상가에 붙어있는 종이를 발견하게 된다.

'사정상 운영하던 카페를 정리합니다. 권리금 없음, 커피 기기 무료 양도해드립니다.'

이때 A 청년과 B 청년은 어떤 판단을 할 수 있을까? 그리고 어떤 결과가 도출될까? A 청년은 그간 열심히 저축해온 시드머니로 오랫동안 꿈꿔왔던 카페 창업에 도전해볼 수 있는 기회가 생겼다고 생각할 것이다. 그것도 무려 권리금이 없고, 커피 기기까지 무료로 양도받는 조건으로 말이다. 반면 B 청년은 아무 생각 없이 지나가거나 부럽다는 생각밖에 하지 못할 것이다.

기회는 수도 없이 많지만, 준비한 사람의 눈에만 보이고, 그들의 손에만 잡힌다. 친구 따라 강남 간다는 말도 친구를 따라갈 수 있는 용기와 강남을 갈 수 있는 차비가 준비되어 있는 사람이 가는 것이다.

우리나라 남성 가수 중 독보적이라고 말할 수 있는 가수 박효신은 친구를 따라 가본 녹음실에서 캐스팅이 되었다고 한다. 그때 프로듀서가 시킨 노래를 준비가 되지 않았다고 불러보지 않았다면 지금의 박효신이 있었을까?

　기회를 잡기 위한 준비라는 건 거창하지 않다. 내가 하고 싶은 일이 있지만 여러 가지 사정으로 현재 못 하고 있다면, 포기하지 말고 **그 일을 하기 위해 필요한 것들을 아주 작은 것들부터 준비해 나가보자.** 바로 메모장을 켜고 적어보는 것이다. '꿈을 위해 어떤 것부터 시작할 수 있을까?' 하고 말이다.

　만약 앞으로 당신에게 찾아올 기회를 놓치고 싶지 않다면 먼저 자신만의 무기를 갈고닦아야 한다. 그래야 위기 상황에도 당황하지 않고 침착하게 대처할 수 있기 때문이다. 물론 쉽지 않은 일이다. 남들보다 앞서가기 위해서는 그만큼 희생해야 할 부분이 많다. 그럼에도 불구하고 도전하라. 그리고 쟁취하라. 세상에 공짜 점심은 없다. 만약 당신에게 그런 기회가 찾아온다면 놓치지 말고 꽉 붙잡길 바란다. 그리고 반드시 기억하라. 기회는 준비된 자에게만 보인다는 사실을….

**우리가 버리는 쓰레기를 모아 돈을 버는 기업이 있다면 믿을 수 있나요?
미국의 '테라사이클'이라는 회사는
쓰레기를 모아 연 440억의 매출을 만드는 기업이에요.**

노력은 설명하는 게 아니라 증명하는 것이다

하부 리그에서도 저조한 성적을 내고 있는 축구선수가 "저는 하루에 패스 연습을 1,000번씩이나 하고 있어요"라고 이야기하는 것보다 잉글랜드 프리미어 리그(EPL) 1부리그에서 동양인 최초로 득점왕을 한 손흥민 선수가 "저는 1년 365일 매일 리프팅 연습 1,000번씩 합니다"라고 이야기하는 것이 훨씬 설득력 있다. **노력을 설명하는 것이 아니라 결과로 증명하고 있기 때문이다.**

대부분의 사람은 원하는 결과가 나오지 않은 것에 대해 위로받기 위해 혹은 남의 탓으로 돌리기 위해 자신의 노력을 설명하기 바쁘다. 사실상 변명에 지나지 않는다. 직장 상사가 보고서를 퇴짜 놓으며 이것밖에 못 하냐고 말하면, 계열사 직원 탓을 하거나 기한이 너무 촉박

했다고 변명하는 것과 같다.

　조금 잔인하게 들릴지 모르겠지만 냉정하게 바라보면 보통 결과물이 좋지 않은 사람들은 과정에서 최선을 다하지 않는다. 물론 완벽한 과정임에도 불구하고 억울하게 결과가 따라오지 않는 경우도 있지만 보편적으로는 그렇다는 것이다.

　수능에서 만점의 점수를 받은 학생들을 인터뷰하면 진부하지만 "수업 시간에 집중했다"고 대답하고, 회사에서 높은 성과를 내는 직원들을 인터뷰하면 "근태가 가장 중요하다"고 이야기하고, 스포츠에서 높은 성적을 내는 선수들을 인터뷰하면 "기본기에 충실했다"고 말하는 경우가 많다. 매출이 잘 나오는 식당을 인터뷰하면 "기초 청결 및 서비스를 잘하는 게 이유"라고 강조하는 경우가 많으며, 후기가 좋은 물건들은 "잔고장이 없고 A/S가 빠르다"는 장점이 있다.

　아주 귀찮지만 당연히 해야 할 것들인 기본을 채워나가다 보면 과정에 충실하게 되고, 그에 따라 결과는 자연스레 따라오기 마련이다. **결과보다 과정에 충실한 삶을 사는 순간, 내 노력을 설명하는 게 아니라 증명하는 삶을 살게 된다.**

　사람은 누구나 인정받고 싶은 욕구가 있고 열심히 준비한 무언가를 세상에 내놓았을 때 비판받는 걸 극도로 두려워한다. 노래를 못 부르는 사람에게 노래방에서 마이크를 넘겨주면 싫어하고, 가난한 사람에게 통장 잔고를 물어보면 꺼려 하듯이 말이다.

반대로 준비가 된 사람은 자랑하듯 자신의 노력과 능력을 증명한다. 실력 있는 예술가들은 "내가 서 있는 곳이 곧 무대다"라는 명언을 만들어냈고, "직업에는 귀천이 없다"는 말은 전 세계의 서민들에게 부자가 될 수 있다는 꿈을 심어줬다. 그러니 **애써 노력을 설명하지 말고 능력으로 증명하는 사람이 되어야 한다.**

유명한 힙합 오디션 프로그램 <쇼미더머니>의 1차 예선은 사람들이 혀를 내두를 정도로 긴 대기 시간과 짧은 심사 시간으로 유명하다. 참가자도 수만 명에 이른다. 모든 지원자가 하나같이 자신은 이 무대가 간절하다고 생각할 것이다. 그러나 어떤 사람은 20시간이 넘는 대기 시간 만에 심사위원 앞에서 랩을 할 수 있는 기회를 얻었는데도 5초 만에 실수를 저지르고 만다. 긴장감은 곧 본인에 대한 불신에서 나오기 때문이다.

반면 어떤 사람은 멋지게 랩을 마무리하고 심사위원이 몇 개의 구절을 더 요청해도 막힘없이 해낸다. 그리고 대부분의 오디션 프로그램 우승자는 무대가 처음이거나 커리어가 없다 하더라도 프로페셔널하며 맡은 바 무대를 잘 해낸다. 이처럼 언제 **어디서 어떠한 기회가 찾아올지 모르니까 준비가 된 사람이어야 기회가 주어졌을 때 자신을 증명해낼 수 있는 것이다.**

지금으로부터 약 1년 전쯤 일이다. 평소 친분이 있던 지인에게서 연락이 왔다. 자신이 운영하는 회사에서 직원을 모집하는데 면접관 역할을 해줄 수 있느냐는 부탁이었다. 사람과의 대화를 좋아하는 나는 흔쾌히 수락했다.

며칠 후 약속 장소에 도착하니 그곳엔 나와 함께 면접을 보게 될 직원 두 명이 먼저 와 있었다. 간단히 인사를 나눈 뒤 본격적인 면접이 시작됐다. 질문은 크게 3가지였는데 첫 번째가 지원 동기였고, 두 번째는 자기소개였으며, 마지막은 입사 후 포부였다. 예상대로 답변 수준은 그리 높지 않았지만, 한 지원자의 태도만큼은 정말 훌륭했는데, 시종일관 밝은 표정으로 최선을 다해 대답하려는 모습이 꽤 인상적이었다. 덕분에 화기애애한 분위기 속에서 순조롭게 면접을 마칠 수 있었다. 그리고 며칠 후 지인에게 물어봤더니 내가 좋게 보았던 지원자에게 합격 통보를 전했다고 했다.

이후 지인 회사에 방문하면서 해당 신입사원과 몇 차례 만나 이야기를 나눌 수 있었는데 그때마다 느낀 건 정말 성실함이 몸에 배어있다는 거였다. 지인의 말에 의하면 지각 한 번 하지 않고 자신이 맡은 업무 외에도 이것저것 도와주려고 애쓰는 모습이 참 보기 좋단다.

그러던 어느 날 문득 궁금해졌다.

'도대체 비결이 뭘까? 선배 사원들에게 잘 보이기 위함일까? 아니면 단순히 착해서일까?'

내가 그 사원을 지켜보면서 내린 결론은 바로 **열정**이었다. 누가 시키지 않아도 알아서 뭐든지 척척 해내는 걸 보면 분명 남다른 무언가가 있다는 확신이 들었다. 아니나 다를까, 나중에 들어보니 대학 시절 내내 아르바이트를 하며 학비와 생활비를 벌었다고 한다. 게다가 졸업 후에는 곧바로 취직해 사회생활을 시작했다고 한다. 그야말로 누구보다 악착같이 살아온 셈이다.

만약 누군가에게 똑같은 상황을 제시했다면 어땠을까? 아마도 대부분 망설였을 것이다. 아니, 아예 시도조차 못 했을지도 모른다. 왜냐하면 대부분의 사람에겐 그만한 열정이 없기 때문이다.

생각해보면 학창시절 공부든 운동이든 뭐 하나 제대로 해본 적 없는 사람들이 많다. 그저 친구들과 어울려 노는 데만 정신이 팔리다 보니 자연스레 성적은 바닥을 치고 장래희망 따위는 고민해보지도 않는다. 결국 원하는 대학에 진학하지 못하고, 원하는 스펙을 만들기도 어렵다. 당연히 번듯한 직장을 구하기도 쉽지 않을 것이다. 다행히 운 좋게 작은 회사에 들어가긴 했지만 거기서도 태도는 별반 다르지 않다. 시키는 일만 겨우겨우 할 뿐 자발적으로 뭔가를 해보려고 하지 않는다. 그러니 무슨 성과가 있겠는가.

나는 19살 7월, 친구들이 모두 방학을 즐기고 있을 때 연소근로자 전형으로 사회생활을 시작했다. 모두에게 추억처럼 남아있는 수능날, 20살이 되던 1월 1일, 고등학교 졸업식 같은 기억은 나에게 없다.

19살 7월부터 21살 6월 13일까지 직장에 다니고 다음 날인 6월 14일 군에 입대했다. 그리고 23살 3월 13일에 제대해 다음 날인 3월 14일부터 재입사하여 또다시 사회생활을 했다.

공부를 게을리했고 머리가 똑똑하지 못했던 내가 가지고 있던 유일한 무기는 변명하지 않는 것과 모두에게 공평한 시간밖에 없었다. 남들이 1시간 일할 때 2시간 일을 해야 했고, 남들이 8시간 잘 때 4시간만 자고 나머지를 노력으로 채웠다. 그 결과 지금은 세상 사람들이 나를 성공한 사람이라고 인정해준다. 그 과정이 어쨌든 간에 결과를 기준으로 평가하는 것이다. 그래서 나 또한 "이렇게 이루기까지 과정이 얼마나 힘들었냐?"고 누가 물어오면 이렇게 대답한다.
"별것 없어요. 남들도 다 하는 건데요, 뭐. 결과가 좋으면 과정은 미화되기 마련입니다. 별로 힘들지 않았어요."

아마 이 책을 읽고 있는 당신도 아주 오래전부터 마음 한구석에는 '나도 설명이 아닌 증명하는 삶을 살고 싶다'라는 갈증이 있었을 것이다. 이 순간 그 갈증의 감정에 공감한다면 그야말로 당신이 충분히 증명할 수 있는 사람이라는 확실한 증거이다. 앞으로는 말로만 설명하거나 생각으로만 노력하는 사람이 아니라 행동으로 보여주고 증명하는 사람이 되었으면 한다. 작은 것 하나부터 시작해보면 쉽다. 하루 10분 일찍 일어나기, 잠자리 정리하기, 잠들기 전 딱 10분 내 전공 또는 주

업무에 대한 공부하기, 사람들에게 고맙다는 말을 더 자주 해보기, 지인들과의 만남을 포옹으로 시작해보기 등 거창할 필요 없이 하루하루 쌓이는 긍정적인 습관들이 결국 당신을 증명해줄 무기가 될 것이다.

모든 사람에게 이야기해주고 싶다. 이제부터라도 당신은 달라질 수 있다고. 비록 늦은 감이 없지 않지만 그래도 아직은 늦지 않았다고. **앞으로는 당신이 매사에 적극적으로 임했으면 좋겠다.** 그러면 언젠가는 반드시 빛을 볼 날이 올 테니까 말이다.

"저 정말 열심히 뛰었어요" 하는 운동선수의 말보다 잔뜩 얼룩진 유니폼을 입고 웃어 보이는 운동선수의 표정이 더 믿음직하다.

핑계로 성공한 사람은

대한민국에 김건모밖에 없다

대한민국 사람들이 가장 많이 하는 말이 '아니'라고 한다. 모든 말을 시작하기에 앞서 '아니'를 붙이는 것이다. 예를 들어, "아니, 그게 아니라", "아니, 봐봐", "아니, 들어봐"처럼 쓰이는 '아니' 말이다.

우리나라 사람들은 '남들에게 보여지는 내 모습, 남들이 생각하는 나에 대한 이미지' 등 체면을 중요시한다. 그렇기 때문에 누군가 내가 하는 이야기를 반박하거나 내가 하는 이야기에 허점이 있다는 게 드러날 때 반사적인 방어 기제로 '아니'를 시전한다.

핑계를 일삼는 사람들은 발전이 없다. 오히려 퇴보한다. 반면 **성공한 사람이나 타인으로부터 좋은 평가를 받는 사람은 자기방어를 위한**

핑계를 대지 않는다. 안 될 이유 혹은 지나간 버스는 생각하지 않는 것이다. 될 이유만 생각하고 앞으로 나아갈 방향만 바라본다. "일단 해보겠습니다"라는 말과 "다시 해보겠습니다"라는 말을 습관처럼 내뱉는다.

또한 부족함을 인정하고 평범함을 받아들인다. 자기 자신을 냉정하게 바라볼 줄 아는 것이다. 자신에게 엄격한 사람이 능률 좋은 사람으로 평가되는 이유 중 하나다. 오죽하면 성과를 제일 중요시하는 영업회사에서 가장 중요한 복지가 '일 잘하는 동료'라는 우스갯소리가 있겠는가.

날씨가 매우 추운 어느 날 길을 걷다가 얼어있는 미끄러운 땅을 밟아 넘어진 사람이 있었다. 그는 습관적으로 "아이씨, 땅에 얼음 때문에 넘어졌어. 짜증나"라며 넘어진 이유에 명분을 찾는다. 나에게서가 아니라 남에게서 말이다. "날이 추워서 땅이 얼었을 텐데 밑창이 미끄럽지 않은 신발을 신고 나오지 않았으니 바닥을 잘 보고 걸어 다녀야겠다"며 조심했으면 넘어질 일이 없었을 것이다. 남을 탓하지 않으니 화가 날 이유도 없고 조심성을 기를 수 있으니 다칠 일도 없다. 그리고 다음부터 추운 날 밑창이 미끄럽지 않은 신발을 신고 나오게 될 테니 대비하는 습관도 들이게 된다.

성공한 사람들은 남이 하는 비난을 귀담아듣지 않으며, 비판은 겸

허히 받아들인다. 나도 완벽하지 않다는 것을 인지하고 있기에 남들이 나에게 해주는 이야기에 논리가 명확하다면 받아들이고 수정하려 한다.

누구나 살면서 크고 작은 실수를 저지른다. 하지만 그것을 대하는 태도는 제각각 다르다. 누군가는 자신의 실수를 인정하고 반성하지만 또 다른 누군가는 변명거리를 찾아 합리화한다. 전자는 성장형 사고방식을 가진 사람이고 후자는 고정형 사고방식을 가진 사람이다. 둘 중 누가 더 나은 삶을 살지는 굳이 말하지 않아도 알 것이다. 물론 후자라고 해서 모두 다 나쁜 건 아니다. 다만, 인생이라는 긴 여정 속에서 좀 더 행복해지려면 변화가 필요하다. 그리고 변하려면 **먼저 자기 자신을 정확히 알아야 한다.** 그래야 문제점을 발견하고 해결책을 찾을 수 있기 때문이다.

내가 아는 지인 중에도 매사에 부정적인 사람이 있다. 늘 불평불만만 가득하고 남 탓을 하며 산다. 그런 모습을 볼 때마다 안타까운 마음이 든다. 왜냐하면 세상엔 좋은 일보다 나쁜 일이 많고 나에게 일어나는 모든 일은 결국 내 책임이기 때문이다. 자신에게 관대해지고 남 탓을 하기 시작하면 결국엔 자기 합리화라는 함정에 빠지게 된다. 그리고 **그런 태도는 인생 전반에 걸쳐 부정적인 영향을 미친다.**

나 역시 예외는 아니었다. 어렸을 때부터 게임을 할 때도 남을 탓하기 바빴다. 단체전에서 패배하면 팀원들을 탓했고, 내가 공부를 안 하는 건 부모님이 환경조성을 안 해줘서라고 변명했다. 나아가 약속에 지각하는 날에는 대중교통이나 날씨 탓을 하기도 했다. 그렇게 수년을 살아가다 보니 모든 면에서 점점 나빠지고만 있었다. 사람들이 나를 피하기 시작했고, 인생에서 선택할 수 있는 방향이 현저히 줄어들었다.

그래서 어느 순간부터 나 스스로에게 아주 사소한 것부터 엄격하게 대하기 시작했다. 예를 들어, 지친 몸을 이끌고 집에 들어왔을 때 '아, 조금만 누워있다가 씻어야지'라는 생각이 들면 정신을 바짝 차리고 채찍질했다. "바로 씻고 누우면 귀찮게 두 번 왔다 갔다 안 해도 되는 건데 왜 변명하는 거야?"라고 혼잣말을 하면서. 나에게 엄격하게 대하다 보니 핑계를 대지 않게 되었고, 이것이 오히려 남을 관대하게 바라볼 수 있는 밑바탕이 되었다. 그러니 직면했던 많은 문제가 자연적으로 해결되었고, 크고 작은 트러블이 사라지기 시작했다. 그때 비로소 깨달았다.

핑계는 백해무익 마약과도 같으며 핑계로 인해 얻을 수 있는 건 단 한 가지도 없다는 사실을 말이다.

'어쩌구 저쩌구…'
'그래서?'

이상에 취하지 말고

일상에 몰두하라

"나는 나중에 전원주택을 지어서 살 거야. 마당에 큰 개도 2마리쯤 키우고 불멍도 하고 바비큐도 해먹을 수 있게 그릴도 놓고 말이야"라고 말하는 사람치고 현재를 열심히 사는 사람을 본 적이 없다. 백수인데다 직업을 구하려는 의지도 없이 집에 틀어박혀서 게임만 하는 사람이 이런 말을 한다면 전혀 설득력이 없지 않겠는가.

인간은 누구나 자신만의 철학을 가지고 살아간다. 그리고 그것을 통해 삶의 방향을 결정한다. 하지만 가끔은 스스로 세운 기준점이 흔들릴 때가 있다. 그럴 때면 마음속 깊은 곳에서부터 회의감이 밀려온다. 내가 지금 잘살고 있는 건지, 이렇게 사는 게 맞는 건지 도무지 확신이 서지 않는다. 이럴 때일수록 나침반 역할을 해줄 무언가 필요하다는 생각이 든다.

어떤 사람이든 자신이 살고 싶은 인생의 이상향이 있고, 자신이 꿈꿔온 모습이 있다. 꿈은 크게 가져야 한다고 하지만 꿈과 이상은 다르다. 또 이상과 현실도 굉장히 다르다. 모든 사람이 월에 천만 원씩 벌고 싶어 하지만 모든 사람이 월에 천만 원씩 버는 사람처럼 행동하지는 않는다.

대부분 시간이 너무 부족하다고 말하는데 '저 사람은 시간이 남아서 넘쳐흐르나?' 착각될 정도로 사는 사람들도 많다. 이게 **이상과 현실(일상)의 괴리**다. 부자가 꿈이지만 말만 번지르르하게 하는 사람보단, 중산층이 목표이지만 누구보다 치열하고 열심히 사는 사람이 오히려 부자가 될 가능성이 훨씬 높다.

자신이 부자가 되고 싶다는 열망이 남들보다 크다면 한 번쯤은 내가 이상에 취해 있는 건 아닐까 하는 자기객관화 과정을 필수적으로 거쳐볼 필요가 있다. 앞만 보고 달려가기에도 부족하겠지만 가끔은 걸어온 길이 올바른 길인가에 대한 복기도 분명 필요하기 때문이다.

K리그 5부에 있는 축구선수가 프리미어 리그에서 뛰는 상상을 하는 것은 좋다. 하지만 현실과 이상을 비교하며 "왜 내가 속한 팀은 프리미어 리그 같은 분위기와 훈련복지가 없는 거야!" 하는 불평불만을 늘어놓는다고 해서 나아지는 건 하나도 없다. 오히려 하루하루 훈련

에 몰입하며 5부리그에서 좋은 성적을 내는 것이, 이후 3부리그, 1부리그로 승격하는 것을 목표로 잡는 것이 더 현실적이다. 1부리그까지 가기도 벅찬 것이 현실이다. 혹시 아는가. 열심히 하루하루를 살다 보면 프리미어 리그에서 스카우트 제의가 올지 말이다.

세상은 하루하루 열심히 사는 사람에게 귀인을 보내준다. 기회는 그렇게 잡는 것이다. 아무리 복지가 안 좋고 평이 안 좋은 중소기업이라 하더라도 면접장에 와서 '뽑든지 말든지' 하는 표정으로 뚱하게 앉아 있는 지원자보다는 "이 회사를 위해 한 몸 바치겠습니다!"라고 말하는 적극적인 지원자가 채용될 확률이 더 높다. 적어도 내가 인사담당자라면 그런 사람을 채용할 것이다. 자신이 처한 환경을 탓하며 불평하고 불만을 가져봤자 나아지는 건 단 하나도 없다. 자신이 가진 능력이 부족한 것을 불가능으로 치부해버리는 것밖에는 안 된다.

여러 번 강조하지만 매 순간, 매 장소, 매 환경에서 최선을 다해야 한다. 자신이 꿈꾸고 있는 이상향과 현재 현실이 다르다고 이상에 취해 현실을 부정하는 순간 인생은 망가지기 시작한다. 과거에 기대했던 것만큼 현재의 내가 멋진 사람이 아니라면, 그건 과거의 내가 만든 것이다. 그러니 현재의 나와 내가 생각하는 미래의 나와의 갭이 크다면 현실에 충실하라. **미래의 나는 현재의 내가 만드는 것이기 때문이다.**

모두에게나 그럴듯한 계획은 있다. 현실의 벽에 가로막혀 계획을 실현하지 못하는 것뿐이다. 그 계획을 실현하기 위해선 현실의 벽부터 넘어야 한다.

**5천만 국민이 모두 각자의 상상처럼 살 수 있다면
미국이고 중국이고 뭐가 무섭겠어요?
우리도 같아요.
우리가 상상만 했던 삶을 실제로 살 수 있다면
무서울 게 없겠죠.**

신은 성공이라는 선물을 시련이라는 포장지에 감싸 보내준다

　인생을 살다 보면 정공법을 선택해야 할 것인가, 편법을 선택해야 할 것인가 고민하는 순간을 맞닥뜨리게 된다. 그럴 때 대부분은 편법을 선택한다. 결과가 빨리 나올 것 같다는 기대감 때문이다. 하지만 편법을 선택했을 때 만들어진 결과는 대부분 솜사탕처럼 스르륵 사라져 버리기 마련이다. 쉽게 얻은 결과이기에 소중함도 깨닫지 못한다.

　예를 들어, 대로변이 막힌다고 해서 일방통행이지만 차가 다니지 않는 골목을 역주행해 다니는 습관이 있다고 치자. 어느 날, 평소처럼 지름길을 선택해 골목으로 들어갔는데 공사 중이라 입구가 막혀있다면 어떻게 할 것인가? 다시 처음으로 돌아가 대로변 도로 맨 뒤에서부터 다시 진입해야 한다. 멀리 돌아가더라도 정공법을 택하면 오래 걸

리긴 하더라도 막혀서 처음부터 돌아가야 하는 일은 없을 것이다. 이것을 인생에 대입해야 하는 이유는 다음과 같다.

대부분의 결과 혹은 성과는 **온전히 내 노력으로 만들었을 때 더 소중하고 가치 있는 법**이다. 그 힘난했던 과정에서 많은 것들을 배우기에 두 번째, 세 번째 시도에서는 더욱 시간을 단축할 수 있고 더 단단하고 명확하게 목표지에 도달할 수 있다. 그러니 매 순간 편안함을 추구하는 인간의 본성을 역행하고 항상 어렵거나 힘든 상황에 자신을 노출시켜 보는 경험이 중요하다. 짧은 풀길보다 긴 가시밭길을 선택하는 것이다. 강제 환경설정은 성공한 사람들의 필수불가결한 요소다.

인생을 살아가려면 굳은살이 꼭 필요하다. 항상 새로운 형태의 '어려움'이라는 가시가 언제나 나를 찌르기 때문이다. 현재 자신이 걷는 길이 가시밭길이라는 생각이 들거나 너무 돌아간다고 생각되더라도 개의치 말라. 앞으로 살아가며 겪을 수많은 어려움과 시련에 미리 굳은살을 만들어가는 과정일 뿐이다.

쉽게 얻은 건 그만큼 쉽게 잃는다. 당장은 편한 길이 좋을지 몰라도 나중에 가서는 반드시 후회한다.

힘들게 산 정상까지 올라갔다가 내려와 마시는 막걸리만큼 맛있는 술이 있을까? 넘어지며 얻어낸 승리보다 달콤한 것이 있을까? 실패를 이겨내고 얻은 성공보다 값진 것이 있을까?

나의 대답은 "없다!"이다. 등산이 좋은 이유는 과정에서 겪는 시련들을 이겨낸 뒤에 '정상'이라는 성취를 얻기 때문이다. 영업사원이 계약을 성사시켰을 때 짜릿한 이유는 고객의 거절이라는 시련을 이겨내고 끝내 설득해서 '계약'이라는 선물을 받기 때문이다. 예시를 들자면 한도 끝도 없이 너무나 많다.

전 세계에서 가장 높은 수준의 운동 능력을 가지고 있는 사람들이 출전하는 올림픽에 나가려면 이미 자국에서 엄청난 경쟁률을 뚫어야 한다. 그렇게 해서 올림픽에 출전하더라도 전 세계의 천재들과 또 경쟁해야 한다. 누가 포기하든 누가 다치든 결국 국가대표는 나오고 올림픽 금메달리스트는 나온다. 이 이야기가 시사하는 바는 무엇일까?

미국의 목사이자 작가인 노먼 빈센트 필 박사는 "신은 인간에게 선물을 줄 때마다 시련이라는 포장지에 싸서 준다. 선물이 클수록 시련도 크다"고 말했다. 모든 사람에게 성공이라는 선물은 공평하게 배송된다. 시련이라는 포장지에 감싸서 말이다. 그런데 어떤 사람은 시련이라는 포장지를 뜯는 것이 너무 무서워서 그 선물을 거절하거나 쓰레기통에 버린다. 때론 한두 겹의 포장지를 벗기다가 포기한다.

반복적인 성공을 맞이해본 사람들은 이미 눈치채고 있다. **그 시련이 곧 성공이라는 것을…**. 오히려 실패나 시련이 오면 기뻐하며 반긴다. 마치 어린아이가 넘어지며 성장하듯, 성장통이 있어야만 자라듯, 성공이라는 큰 열매는 항상 거칠고 이겨내기 어려울 듯한 역경에 둘러싸여 있다. 이미 성공한 수많은 사람은 대중들에게 이렇게 이야기한다.

"실패하고, 실패하고, 또 실패하라. 그러다 보면 성공할 수 있다!"

보통 사람은 이해하기 어려운 이야기다. 아니, 이해하지 않으려고 한다는 편이 더 솔직할 것 같다. 실패했을 때 겪었던 감정을 이미 알고 있기 때문이다. 버티기 힘들 만큼 두려운 경험이었을 수도 있다. 다만, 내가 꼭 말하고 싶은 건, 도전하든 안주하든 실패는 항상 맞이할 수밖에 없다는 것이다. 안주했을 때 마주하는 실패는 절망이지만, **도전했을 때 마주하는 실패는 과정**이다.

때론 성공이 티끌만큼도 보이지 않을 만큼 멀리 있는 것만 같아서 절망스러울 것이다. 하지만 100% 장담할 수 있다. **당신의 인생에 그 어떤 실패라도 이겨내지 못할 것은 없다.** 그 실패를 이겨냈을 때 필연적으로 성공이 찾아온다는 것을 나는 약속할 수 있다. 만약 수차례 실패를 극복했지만 성공이 찾아오지 않는다면 나를 찾아와도 좋다. 그만큼 자신하기 때문이다.

먹기 싫은 약이 몸에는 좋은 법이다.

PART 5.

당신이
이 사실들을
받아들이면
인생이 바뀐다

감성적인 판단은 때때로 일을 그르친다

요즘 MBTI가 유행이다. MBTI는 사람의 성격 유형을 16가지로 나눈 성격 유형 검사이다. E와 I로 외향적인 사람과 내향적인 사람을 나누기도 하고, J와 P로 계획적인 사람과 즉흥적인 사람으로 나누기도 한다. 하지만 내가 MBTI에서 가장 중요하게 생각하는 건 T와 F이다. T는 'Thinking'의 약자이고, F는 'Feeling'의 약자이다.

사람이 인생을 살아가며 어떤 문제에 맞닥뜨렸을 때 그것을 해결하는 능력은 매우 중요하다. 그리고 그러한 문제를 이성적으로 해결하는 사람과 감정적으로 해결하는 사람으로 나눌 수 있다. 어떤 방식으로 문제를 해결하는 것이 더 나을까? 논리적 사고를 대입해 이야기하면 **'이성적 문제 해결'이 올바른 방법**이다.

예를 들어, 한 커플이 다퉜다고 가정해보자. 여성이 매일 친구들과 술 마시고 노느라 남성에게 연락을 못 하는 일이 잦아졌고, 친구들에게 등 떠밀려 클럽이나 라운지바 등을 자주 가게 되었다고 하자. 그로 인해 남성에게 소홀하게 되었고, 심지어 여러 차례 실수를 하기도 했다. 남성은 제발 연락이라도 잘 해달라고 요구했지만 여성의 실수는 매번 반복되었고 참다못한 남성은 이별을 통보했다. 이별 통보를 받은 여성은 남성을 붙잡고 싶었다. 이러한 상황이 생겼다면 어떻게 해결하는 것이 재결합 확률을 높일 수 있을까?

감정이 앞선다면 여성이 남성에게 전화를 하거나, 집 앞으로 찾아가거나, 장문의 문자를 남길 것이다. 그렇게 만남이 성사되거나 대화가 이어지게 되면 감정이 앞선 여성이 할 이야기는 뻔하다. "다시는 그러지 않을게. 내가 앞으로 술 마시고 연락 안 되면 그땐 진짜 구질구질하게 매달리지 않고 헤어져 줄게. 친구들이 가자고 해서 어쩔 수 없었어. 미안해" 하며 격앙된 목소리 혹은 울먹거리는 목소리로 말할 것이다.

만약 당신이 이 여성의 남자친구라면 여성의 말에 단 1%라도 재결합을 하고자 하는 의지가 생기겠는가? 남자친구에게서 그나마 긍정적인 답변을 듣고 싶다면 이런 식으로 말해야 할 것이다.

"네가 지금 나에게 굉장히 많이 실망했을 거 알아. 그걸 내가 인지하고 있었음에도 외면했었던 것 같아. 하지만 네가 너무 좋아서 이렇게 헤어지면 너무 후회가 될 것 같아. 앞으로 아예 술을 마시지 않겠다고 약속은 못 하지만, 일주일에 1번 정도로 횟수를 줄일게. 그리고 자리를 옮기게 되거나 자리가 길어질 것 같으면 네가 걱정하지 않도록 연락 꼭 남길게. 그리고 앞으로는 친구들 핑계를 대거나 상황 핑계 대면서 실망시키는 일 없도록 할게. 내 진심을 충분히 알아줬으면 좋겠어. 연락 기다릴게."

내가 연애 경험이 많은 편도 아니고 여성에게 인기가 많은 편도 아니지만, 이성 관계에서 문제 해결을 하는 데 있어 전자의 상황보단 후자의 상황이 훨씬 좋은 효과를 가져올 거라는 것쯤은 안다. 단순히 이성 관계에서뿐 아니라 세상을 살아가다 보면 매 순간 문제가 우리 앞을 가로막는다. 이때 사람이라면 거의 95% 이상의 확률로 감정이 앞선다. 혼자 사는 집 문을 열고 들어갔는데 도둑이 칼을 들고 서 있으면 무섭고 두려운 마음에 대부분이 소리부터 지르지 않겠는가.

그런데 조금만 냉정하게 생각해보자. 소리를 지른다고 그 문제가 해결되지는 않는다. 도둑의 심기를 자극해 오히려 극도의 흥분상태가 되도록 부추기는 것밖에는 되지 않을 수 있다. 냉정히 도주로를 파악해 먼저 도망을 가거나 경찰서에 신고할 수 있는 적절한 타이밍을 찾는 것이 그 상황을 해결하는 데 훨씬 도움이 될 것이다.

모든 사람의 이성과 감성에는 괴리가 있다. 감성적인 판단을 주로

하던 사람이 한순간에 이성적인 판단을 적재적소에 할 수 있는 사람이 될 수 있을 리가 없다. 지속적인 훈련이 필요하다. 맞닥뜨리는 문제들을 이성적으로 해결하는 능력을 키워야 할 것이고, 사람들에게 '냉혈한'이라든가, '공감 능력 제로 인간'이라는 수식어로 불릴지언정 이성적으로 사고하는 법을 자꾸만 발전시켜야 한다.

감정적인 판단은 보통 결과를 안 좋게 만든다. 연인과의 다툼에서 한순간의 감정적인 판단이 씻을 수 없는 평생의 상처를 만들기도 하고, 중요한 자리에서의 감정적 판단이 후회의 결과를 만들기도 한다. 이성적인 사람이 되기 위해서는 어떤 의미에선 잔인해져야 한다. 과정에는 남들에게 욕먹을지 몰라도 결과가 좋다면 상관없다. 결과가 좋으면 과정도 미화되기 마련이니까.

한 마디를 뱉기 전 세 번 생각하고 뱉는다면 분쟁이 80% 이상 줄어든다.

세상에
완벽한 사람은
없다

'평생 망상의 세계에 갇혀 정신분열증을 앓은 빈센트 반 고흐, 양극단의 기분 변화에 시달렸던 버지니아 울프, 웃음을 잃고 우울증에 잠식당했던 마크 트웨인, 의심과 불신의 늪에 빠져 살던 진시황제, 늘 완벽을 추구하려던 강박증이 있었던 지그문트 프로이트, 히스테리로 주변 사람들을 힘들게 했던 코코 샤넬, 불안과 두려움에 사로잡혀 공포심에 굴복당했던 나폴레옹, 공감 능력이 결여되어 나르시시즘에 빠진 피카소, 세상과 담을 쌓고 자신만의 세상에 갇혀 산 미켈란젤로, 의존적인 성격을 가지고 있었던 찰스 다윈, 현실에서 도피하기 위해 술과 약물에 의지했던 폴 고갱' 등 지금까지도 위인들로 칭송받고 있는 사람들, 자신의 분야에서 날고 기는 업적을 남긴 사람들도 사실 완벽한 인생을 살지 못했다는 것을 아는가.

세상에 완벽한 사람은 없다. 더군다나 사회경험이 없는 사회초년생이나 인생 경험이 부족한 친구들은 더더욱 완벽과는 거리가 멀다. 사회생활을 일찍 시작한 고졸 취업자나 피나는 노력으로 빠르게 승진한 리더, 본인의 가게나 사업을 운영해본 사장에게는 신기하게도 한 가지 공통점이 있다.

누군가를 가르치거나 교육, 강의 등을 할 때 답답한 감정을 크게 느낀다는 것이다. 흔히 "이걸 왜 못 하지?", "이게 그렇게 어려워?"라는 말을 수시로 한다. 젊은 나이에 많은 부를 누리거나 짧은 경력에 빠른 승진을 하는 등 나름의 이른 성공을 거둔 사람들은 인지하지 못할 정도의 빠른 속도로 고도의 자의식 과잉 상태에 빠지게 된다. '내 능력이 비로소 인정받았구나', '내가 아니면 이 회사(팀)는 안 굴러가지' 하는 자만에 빠지는 것이다.

파레토의 법칙에 의하면 **전체 결과의 80%가 전체 원인의 20%에 의해 발생**된다고 한다. 이처럼 어느 집단을 가든 뛰어난 상위 20%의 인재들이 하위 80%의 사람들을 통솔한다. 조금 잔인한 이야기지만 상위 20%와 하위 80%의 소프트웨어(능력)에는 확연한 차이가 있다. 기적 같은 변화가 일어나지 않는다면 평생을 이기지 못할 만큼의 차이 말이다.

다시 말해, '상위 20%의 능력을 백날천날 가르치려 해봐야 하위 80%의 사람들이 알아먹을까 말까'라는 이야기다. 그럼 이 사실을 인정하고 받아들여야 한다. 내가 상위 20%에 속한다고 생각하는 사람이라면 주변 사람들에게 가르침을 줄 때 화를 내거나 답답해하며 스트레스받을 필요가 전혀 없다. 한 번 알려줬는데도 모르면 10번 알려주면 되고, 그래도 모르면 20번, 100번, 그래도 모르면 다음 생에까지 알려주면 된다. 이게 세상을 이끄는 상위 1% 역행자들의 마음가짐이다.

비유가 맞을지는 모르겠으나 본인이 키우는 강아지에게 '앉아!' 훈련을 시키는데, 아무리 해도 못 알아듣는다고 사람 말로 화내며 가르쳐봤자 무슨 의미가 있겠는가. 사람 말을 못 알아먹는데 말이다. 냉정하되 부드럽게 '어떤 상황에 어떤 행동을 하면 간식을 주는구나' 하고 강아지가 인식할 수 있게 해주는 것이 더욱 효과적이다.

내가 하위 80%에 속한다고 생각하는 사람이라면 스스로 너무 자책하지 않아도 된다. 우리는 인생을 살며 매 순간 새로운 것들을 받아들이는 삶을 살고 있으며 모든 사람이 처음부터 다 잘하지는 않는다. 잘하는 사람이 이상한 것이다. 10명 중 9명이 못 하는 일을 1명이 처음부터 잘하면 당연히 1명이 특출난 것 아니겠는가.

평균의 삶을 사는 우리에게는 죄가 없다. 다만, 평균 또는 평균 이하의 삶을 살지만 현실에 안주하며 본인이 평균 이하인 것에 대해 남의 탓을 하거나 상위 20% 삶을 부러워만 하는 행동은 죄가 된다. 그러니 명심 또 명심하라. 세상에 완벽한 사람은 없다. 범법을 저지르는 일만 아니라면 세상에 모든 일은 '그럴 수 있다'고 생각하고, **항상 최선과 차선을 생각하자.** 내가 잘났다고 남이 못난 게 아니고, 남이 잘났다고 내가 못난 게 아니다.

**최고의 영화는 수천 번의
NG로부터 만들어지는 것이다.**

놓을 줄도

알아야 한다

　책임감이 유난히 강한 사람들이 있다. 가족을 챙기느라 본인을 못 챙기는 가장, 팀원의 일을 대신해주느라 평일 주말 밤낮없이 야근하는 팀장, 모든 일을 3~4번 다시 확인해야만 직성이 풀리는 부서장, 의심이 많거나 집착이 심해서 남자친구가 어딜 가든 의심하고 30분만 연락이 안 되도 바람을 피우는 게 아닐까 하며 온갖 상상의 나래를 펼치는 여자친구, 아르바이트생이 재고 음식을 함부로 먹지는 않는지 혹은 근무 시간에 농땡이를 피우지는 않는지 의심하며 집에서까지 매장 CCTV를 붙들고 있는 사장 등등.

　누군가 나에게 이 책을 왜 쓰게 되었는지 묻는다면 그중 하나의 이유가 바로 이 **'놓아주는 법'**을 사람들에게 알려주고 싶어서다.

나는 24살에 영업회사에 입사했다. 어린 나이에 많은 성과를 이뤄 냈고 주변으로부터 인정받는 삶을 살았다. 25살에 외제 차를 계약했고, 26살에는 연봉 2억 원을 넘겼다. 내가 하는 모든 방식이 올바른 방법이라고 굳게 믿었다. 그렇게 팀장이 되었고 17명의 비슷한 또래 팀원들과 함께 일했다. 그때 나는 겉으로 '착한 사람 코스프레'를 벗어나지 못했고, 속으로는 '왜 나처럼 일하지 못하는 거지' 하는 자만에 빠져 직원들에 대해 답답해했다.

직원이 고객 상담을 하러 가는 길이면 '내가 도와주면 더 좋은 결과가 나올 거 같은데…' 하는 불안감으로 내 업무를 다 제쳐두고는 밤낮 가리지 않고 그들의 일을 대신했다. 또 그들이 내가 기대한 만큼의 결과물을 가져오지 못할 때면 '뭐 괜찮아. 못 할 수 있어'라며 또 착한 척을 했다. 그들에게 맞는 방법이나 그들이 성장할 수 있는 방식을 택하지 않고 내가 성공한 방식만을 그들에게 강요한 것이다.

모두에게 천사라는 건 자신에게는 악마라는 뜻이다. 나는 세상을 살아가며 모두에게 천사이고 싶다는 생각을 어느샌가부터 가슴 깊이 하기 시작했다. 때론 타인에게 해를 입으면서까지 미소를 지키려 노력했고, 나를 이용하려는 모습이 눈에 보여도 이해하고 배려하자며 스스로 최면을 걸었다. 사실을 외면하면서 남을 챙기느라 마음이 다치고, 몸이 상해갔다. 때론 남을 위해 나 그 자체인 가족을 챙기지 못했고, 사랑을 잃어버리기도 했다.

그 무렵 내가 크게 착각하고 있었던 게 있었다. 남을 위해 사는 것이 나를 위해 사는 거라고 믿었던 것이다. 내가 직장인일 땐 직장 상사와 회사를 위해 살았다. 나의 노동과 희생으로 그들에게 성과가 돌아간다면 그것이 사원으로서 최고의 영광이라고 착각했다. 또 내가 팀장일 땐 팀원들에게 무조건적인 희생과 베풂으로 존경을 받을 수 있다면 그것이 최고의 영광이라고 착각했다. 크나큰 실수였다. 직장인으로서 희생했던 나는 갈수록 더 크고 많은 노동을 강요당했고, 팀장으로서 베풀었던 나는 더 많은 희생을 요구받았다.

그렇게 1년 6개월쯤이 지났을 때 밖으로 보여지는 나는 존경받을 만한, 모르는 게 없는, 너무 착한 만능 수석팀장이었고, 모든 구성원이 나에게 보내주는 평가는 좋기만 해 보였다. 하지만 내 팀원들의 평균 소득은 점점 낮아졌고, 자립할 수 있는 능력은 점점 퇴화해갔으며, 한두 명씩 먹고살기 위해 회사를 떠났다. 게다가 나는 팀원들의 일을 대신 해주느라 너무 바쁜 나머지 하루에 3시간 이상 잘 수 없었고, 제때 끼니를 챙기지 못해 건강도 점점 더 나빠지고 있었다.

세상은 기브 앤 테이크이고, 등가교환의 법칙이 있다는 걸 몰랐다. 그렇게 힘들어할 무렵 큰 변화를 가져다준 문장을 만나게 됐고 생각을 점차 바꿔나가기 시작했다. '모두에게 천사라는 건 자신에게만 악마라는 뜻'이라는 노래 가사였다.

무조건적인 희생을 하며 모두에게 천사일 필요가 없다는 걸 스스로에게 설득하기 시작했다. 나의 도움을 당연하게 생각하는 사람들을 멀리하고, 내가 하나를 주면 2~3개로 돌려주려는 사람들을 곁에 두기 시작했다.

그때부터 나는 모두에게 천사는 아니었지만, 적어도 나와 나를 위해주는 사람들에게는 더할 나위 없는 천사가 될 수 있었다.

나는 '놓아주는 법'을 몰랐다. 한 번도 뵌 적은 없지만 큰 존경심을 가지고 있는 자청 님의 블로그에는 '위임하는 법'이라는 글이 있고, 『나는 4시간만 일한다』라는 명저에는 막심한 손해가 생기지 않는 선에서 가능한 한 모든 것을 타인에게 위임하라는 이야기가 나온다. 나는 이 원리를 전혀 몰랐다.

놓을 줄 알아야 한다. 가능한 한 모든 것에 있어서 말이다. 자신이 만약 카페를 하는 사장인데 직원이 내리는 커피가 맛이 없을까 봐 직원이 주문을 받을 때마다 원두의 그램(g) 수를 체크하고 똑바로 내렸는지, 물양은 일정한지 매번 확인하고 있다면, 미안하지만 그 카페는 조만간 망하거나 평생 본인 혼자 운영해야 할 것이다. 발전과 성장이 없을 것이기 때문이다. **사람은 누구나 실수를 하며 배운다.** 그 배움이 있기에 발전하는 것이다.

한 사람의 노동으로 벌어들일 수 있는 근로소득에는 한계가 있다.

시간은 24시간이고 몸은 하나이기 때문이다. 부자들이 괜히 시간을 아끼기 위해 집 청소를 위한 인력을 고용하고, 운전기사를 두며, 업무를 도와줄 비서를 채용하는 것이 아니다. 내가 1시간에 10만 원을 벌어들일 수 있는 사람이고 타인을 고용해 청소 1시간을 요청하는 데 3만 원의 비용이 든다면 주저 없이 위임해야 한다. 돈으로 타인의 시간을 사는 것이다. 그러기 위해선 마음의 불안을 놓아주어야 하며, 그들이 실수할 수도 있다는 걸 겸허히 받아들여야 한다. 그러니 타인을 믿고 위임하라. 내 손에 들려 있는 버거운 일들을 놓아주어라. 나아가서는 감정까지 말이다.

나의 그릇이 종지 크기밖에 되지 않는데 욕심을 부리면 넘쳐 흘러서 내용물이 다 쏟아질 수밖에 없다. 내 마음이 주먹만 한 크기인데 남의 감정까지 챙기느라 몸통만 한 감정을 지니고 있을 수는 없다. 그러니 **놓아주고 비워내라.** 그렇게 그릇을 키우고 효율을 높인다면 인생에서 풀리지 않던 문제들이 스르륵 해결되는 것을 체감할 수 있을 것이다.

**부모님이 우리를 걱정하는 마음으로부터
알아서 하도록 놓아주기까지
얼마나 어려웠을까요?**

말의 힘을 전적으로 믿어라

'말'이 가지는 힘은 참 무섭다.

고려 성종 때 서희는 거란족과 담판을 지어 전쟁 없이 강동 6주를 획득했다. 어찌 보면 '말'은 참 단순하지만, 그 말이 상대방의 귓속으로 흘러 들어가 마음을 흔든다. 말로 인해 상대방의 지갑이 열리기도 하고, 법정에서의 억울함이 해결되기도 하고, 중요한 상황에서 생명을 구하기도 한다. 이처럼 **말은 사람을 움직이고 세상을 변화시키는 힘을 가졌다.**

우리는 이 '말'을 잘 활용해야 한다. 나도 말의 힘을 믿기 시작하면서부터 인생이 극적으로 바뀌었다. 다음과 같은 말들에는 상상할 수 없는 힘이 숨겨져 있기에 잘 활용해보기를 바란다.

첫 번째로 **반복적인 말**이다. "난 할 수 있다, 난 무서울 게 없다, 난 최고다"와 같은 말을 나 자신에게 반복적으로 하면 인생에 긍정적인 영향을 끼치는 마법으로 바뀐다. 어떤 말을 만 번 이상 되풀이하면 반드시 미래에 그 일은 이루어진다는 격언도 있지 않은가. 흔히 자기암시 혹은 확언이라고 부르기도 한다.

두 번째로는 **상대방을 인정하는 말**이다. 예를 들어, 부하직원이 당신에게 보고서를 검토받으러 왔다고 생각해보자. 직장 상사인 당신의 눈에는 불만족스러운 부분이 한두 가지가 아닐 것이다. 그러고는 이렇게 지적할 것이다.

"여기, 여기, 여기 이렇게 수정하고, 여기는 이렇게 수정해서 다시 가져와요."

부하직원은 열심히 시간과 노력을 들여 작성한 보고서를 검토받는 과정에서 단 한 번의 인정도 받지 못하고 여러 번의 부정적인 말만 들은 채 뒤돌아 나오게 된다. 이때 당신이 직장 상사라면 부하의 노고에 대해 먼저 인정을 해주고 잘못된 부분을 바로잡아 준다면 어떨까?

"보고서 작성하느라 너무 고생했어요. 이 부분과 이 부분은 너무 잘하셨네요. 수정할 필요가 없을 것 같아요. 다만, 이 페이지에 이 부분은 이런 식으로 수정해서 다시 가져와 줄래요? 그것만 하면 완벽할 듯합니다."

칭찬은 고래도 춤추게 한다는 말이 있다. 상대방을 객관적으로 칭찬하고 인정했을 때 상대방은 체내 도파민이 분비되어 일의 능률이 올라간다.

세 번째는 나 스스로를 인정하는 말이다. 세상을 살아가다 보면 이리 치이고 저리 치이기 마련이다. 세상은 나에게 엄격한 잣대를 들이밀기에만 바쁘다. SNS에는 주변인들의 온갖 좋은 모습들만 보이고, 가족들마저 나에게 힘이 되어주지 않는다. 그럼에도 불구하고 자기계발 서적 혹은 성공한 사람들은 본인에게 더욱 엄격하고 잔인해지라고 다그친다. 그 정도 해서는 성공에 발톱만큼도 다가가지 못한다면서 말이다.

물론 하나같이 다 맞는 이야기다. 하지만 자신이 누구보다 열심히 살기 위해 스스로를 옭아매고 있다면 너무 잘하고 있는 것이다. 가끔은 스스로를 인정할 줄도 알아야 한다. 풀어지라는 이야기가 아니다. "이 정도로는 부족해. 더 해야 돼"라고 이야기하되, 때로는 "그래도 잘하고 있어. 조금만 더 힘내자. 이 정도로 지칠 내가 아니잖아?"라고 위로해주어야 한다는 이야기다.

컴퓨터와 휴대폰은 같은 전자기기이지만 컴퓨터는 평균 사용 기간이 5년이 넘는다. 매번 전원을 on/off 하며 열을 식혀주기 때문이다. 하지만 휴대폰은 고작 1~2년을 넘기기가 어렵다. 휴대폰은 매일 켰다

켰다 하지 않기 때문이다.

    사람도 똑같다. 사람도 전자기기처럼 배터리가 있다. 매일 수면을 통해 뇌에 휴식을 주지만, **마음에도 휴식을 주어야 할 때가 있다.** 매 순간을 불처럼 뜨겁게 둔다면 언젠간 과부화가 올 것이다. 그러니 우리가 평소 나 자신에게 너무 가혹하게 하더라도, 가끔은 말 한마디로 천 냥 빚을 갚아보는 게 어떨까.

**가끔은 거울을 보며 '말'해주세요.
"너 지금 진짜 멋있어!"라고.**

인간관계에 일방통행은 없다

'인정에 겨워 동네 시아비가 아홉이라'라는 속담이 있다. 인정 때문에 이 남자 저 남자 만나다 보니 동네에 시아비가 아홉이나 됐다는 뜻이지만, 나는 이 속담에서 '시아비'를 '사이비'로 바꾸어 표현하곤 한다. 주변 사람에게 인정에 겨워 이 사람 저 사람 거절하지 못하고 곁에 두다 보면 주변에 사이비가 아홉이나 생긴다는 뜻이다.

흔히 많은 사람이 일명 '착한 사람 코스프레'에서 벗어나지 못한다. 특히 '착한 상사', '착한 자식', '착한 연인'이 되어야 한다는 강박을 가진 사람들이 많다. 부하직원에게 모질게 대하면 안 좋은 소문이 돌지 않을까 하는 마음 혹은 천성이 착한 탓에 응당 지시해야 하는 일도 지시하지 못하거나 안 좋은 버릇을 바로잡지 못하는 경우도 많고, 본인의 삶을 포기해가면서까지 부모를 섬겨야 한다는 강박관념에 사로잡혀 평생을 부모의 그늘 아래 살아가는 사람도 많다. 나아가 연인이 바람을 피우거나 비겁한 가스라이팅을 하더라도 '사랑하니까 참아야지' 하는 마음을 가지는 사람도 있다. 또 대화를 할 때 자신을 욕보이는 언행을 듣거나 대놓고 비난하더라도 그 상황을 모면하기 위해서 또는 분위기를 망치지 않기 위해서 웃어넘기는 사람도 은근히 많다.

자고로 길을 걷다가 사이비가 말을 걸면 강하게 거절하거나 무시해야지 내가 가려던 길을 계속 걸어갈 수 있다. 나를 만만하게 보는 사람에게는 강하게 본때를 보여줘야 다시는 같은 행동을 반복하지 않는다. 인정에 겨워서, 착한 사람으로 보이고 싶어서, 상대방의 기분을 생각하느라 스스로의 감정을 묵인한 채 곁에 실이 되는 사람들을 두기 시작하면 사이비가 아홉이 되는 것이다.

세상에서 제일 바보 같은 사람이 자신에게 해가 되는 사람에게 한없이 웃어주는 사람이다. 이건 희생이나 배려와 전혀 상관없다. 예를 들어, 나는 지인에게 100개의 선물을 줬고 그 지인은 나에게 1개의 선물만 돌려줬다고 해서 그 지인과 연을 끊을 필요는 없다. 내가 지인을 그만큼 더 아끼는 마음이 있을 수도 있고, 그 지인은 여러 사정에 의해 나만큼 선물을 하지 못하는 것일 수도 있다. 다만, 중요한 것은 그 지인이 보답하지 못할 만큼의 선물을 받으면서도 그것을 당연시 여기거나 감사함을 잊지 않아야 한다는 것이다. 더 나아가서는 악의적으로 나를 이용하지 않아야 비로소 올바른 관계라고 할 수 있다.

학교에서 이유 없이 나를 때리는 친구가 있다면 가만히 맞고 웃어 주기만 하면 안 되지 않겠는가? 때리지 말라고 명확한 의사표현을 하거나 그 친구와의 인연을 끊어야 하는 게 맞다. 이처럼 인생을 살아가는 데 있어서 나에게 해가 되는 사이비 같은 존재를 아홉은커녕 단 한 명도 둘 필요가 없다는 것을 명심해야 한다. 건강한 인간관계라는 것은 서로가 서로를 존중하며 하나를 받으면 둘로 돌려주려는 관계이다. 가족, 연인, 친구, 직장 동료 등 어느 관계 하나 다르지 않다. 박수도 손뼉이 맞아야 소리가 나듯 **인간관계에서 일방통행이라는 것은 없다.** 오는 말이 고와야 가는 말이 곱다는 속담처럼 좋은 인간관계는 쌍방으로 이루어지는 것이다. 인정만 깊은 건 호구 당하는 지름길밖에 안 된다.

생각해보자. 휴대폰을 사러 갔는데 100만 원짜리를 300만 원에 판다면 군말 없이 살 사람은 아무도 없다. 그런데 왜 인간관계에서는 일방적으로 손해를 보며 참고 사는가?

**어느 한쪽으로 기울어진 관계는 오래갈 수 없다.
인간관계도 기브 앤 테이크다.**

현재의 나는
과거의 내가 만든 것이다

현재 자신의 모습이 만족스럽지 않거나, 과거에 '이 나이쯤에는 이런 걸 이뤘겠구나' 하고 예상했던 지금의 모습에서 괴리감을 느껴 본 적이 있을 것이다.

나는 부모님이 나를 낳으셨던 27살 정도의 나이가 되면 사랑하는 여자를 만나 결혼을 하고 눈에 넣어도 안 아픈 자식을 낳아 알콩달콩 가정을 꾸리고 있을 거라고 생각했다. 경제적으로는 원하는 만큼의 성공을 이뤘을 것이라 예상했고, 사회적으로도 높은 명성을 가지고 있을 거라 생각했다.

하지만 27살의 나는 결혼은커녕 연애조차 하기 어려울 만큼 현실에 치여 살았고 비출산을 고려하기도 했다. 원하는 만큼의 성공을 이뤘다고 하기엔 한참 부족한 것도 물론이고. 잠깐이나마 '왜 나의 27살은 찬란하지 않은가' 하며 자책했지만 이내 마음을 다잡았다. 그리고 깨달았다. '지금의 나는 과거의 내가 만든 것이구나. 후회할 필요도 없고 자책할 필요도 없다. 미래의 내가 그린 모습에 가까워지려면 지금부터라도 현재에 충실해야 하겠구나' 하고 말이다.

많은 사람이 미래에 대한 대비 없이 흐지부지 현재를 살아간다. '카르마'라는 단어가 있는데 '미래의 선악을 결정짓는 원인이 되는 현재의 행동'이라는 뜻이다. 내가 만약 오늘 하루 나태했다면 미래의 내가 그 하루만큼의 나태함에 대한 대가를 받는다는 의미겠다.

나는 20대 초반부터 나름대로 인생을 치열하게 살아왔다고 생각하지만, 현재의 나에게 만족스럽지 못하다는 감정을 느낀다. 생각해보니 열심히는 살았지만 동시에 나태한 하루하루를 보내기도 했었다. 그나마 나태했던 날보다 치열했던 날이 더 많았기에 현재의 나는 경제적 여유가 또래에 비해 더 많은 것이다.

만약 자신이 치열하게 산 날보다 나태하게 산 날이 많았다면 현재의 모습이 주변의 평균에 비해 뒤떨어질 것이다. 딱 평균만큼의 현재를 보내고 있다면 적당히 남들 하는 만큼 하며 살아왔다는 증거이다.

결국 중요한 건 **인과응보의 법칙이 늘상 우리에게 적용된다는 것**이며, 현재의 내가 어떠한 이유로든 마음에 들지 않는다면 그 부분에 있어서만큼은 미래의 나를 위해서라도 현재에 충실하면서 보완해나가야 한다는 뜻이다.

현재 체력이 너무 부족하다면 과거부터 건강을 챙기기 위한 습관이 없었다는 것이다. 운동을 하지 않았을 것이며, 영양제를 챙겨 먹지 않았을 것이다. 그러니 지금부터라도 미래의 체력을 위해 당장 운동을 시작하고, 영양제를 챙겨 먹어야 한다.

비단 건강뿐이 아니다. 인간관계, 직업의 성과, 가족과의 관계 등 모든 방면에 적용할 수 있다. 운전실력이 부족하다고 해서 계속 운전을 하지 않으면 앞으로도 운전실력이 늘 수 없다. 그러다 어느 날 운전을 반드시 해야 하는 상황을 맞닥뜨리게 되면 과거의 나태했던 나로 인해 위험에 노출될 수도 있다.

자신이 불편함을 느낄 정도로 부족하거나 어려운 부분이 있다면 **미리 보완하지 않은 과거의 나를 반성하고 현재의 나로서 행동하며 갚아나가야 한다.** 그래야 미래의 내가 곤경에 처하는 일이 줄어든다.

**지금 운동하면 내일 더 건강하듯
보다 나은 내일을 위해 오늘을 살아요, 우리.**

타인에게서 답을 찾지 마라.

모든 답은 이미 내 안에 있다.

내 스스로가 해결하지 못하는 문제를

타인이 해결해줄 수는 없다.

PART 6.

직장이 아닌
직업을 가져라

일이란 해내기 전에는 언제나 불가능해 보이는 법이다

직장이 아닌 직업을 가지라는 것이 언뜻 이해하기 힘들 수 있다. 이미 수십 년간 정해진 기준에 맞춰 살아왔고, 그런 사람들에게 교육과 영향을 받았기 때문이다. 하고 싶은 일보다 해야 하는 일을 선택할 수밖에 없는 암울한 현실을 마주하게 되면 사실상 절망에 가까운 기분을 느끼기도 한다. 일이란 해내기 전에는 항상 불가능해 보이는 법이다.

과거에는 PD, 작가가 되기 위해 어려운 시험들과 면접을 통과해 방송국에 취직을 해야 했다. 그것이 어쩌면 유일한 길이었다. 유명인이 되기 위해서는 엄청난 경쟁률을 뚫고 오디션을 봐서 살아남아야만 소속사에 연습생 신분으로 들어갈 수 있었다. 하지만 지금은 어떤가?

아주 용감한 일부 선구자들에 의해 유튜브라는 플랫폼에서 훌륭한 PD, 작가가 탄생되고 있다. 연예인이 아니더라도 인플루언서라는 이름으로 자신의 영향력을 널리 알리는 사람들도 많아졌다. 어디 그뿐인가? 1인 사업가와 같은 새로운 개념이 나타나 이제는 개인의 능력을 회사의 소속이 아니라도 얼마든지 펼칠 수 있는 시대가 왔다.

우리는 지금까지 누군가가 정해놓았거나 의도해온 환경에서 살면서 눈에 보이지 않지만 정해져 있는 길을 걸어왔다. 하지만 **개인의 가치는 당신이 생각하는 것 이상으로 무궁무진**하다. 인생에 갑과 을 같은 관계가 있다면, 더 뛰어난 능력을 가진 이가 갑의 위치에 서게 될 것이다. 사회의 구성원으로서의 우리도 마찬가지다. 회사에 소속되어 있지만 개인 고유의 능력이 누구와 비견하기 어려울 만큼 우수하다면 직원이라도 갑의 위치에 설 수 있다. 이것이 '직장이 아닌 직업을 가지라'는 이야기의 참뜻이다.

예를 들어, 소속사에 소속된 연예인이 연기, 노래 어느 하나 잘하지 못하고 그저 소속사에서 시키는 것 이상은 하지 않는다고 가정해보자. 소속사가 그 연예인을 대우해주거나 그 연예인에게 쩔쩔매야 할 이유가 없어진다. 오히려 연예인이 소속사가 자신을 버리지 않을까 쩔쩔매며 더욱 시키는 대로 잘하려고 할 것이다.

반대로 연예인이 엄청난 노래 실력과 연기 실력을 가지고 있다면 소속사까지 연예인 덕을 톡톡히 보아 유명해질 것이다. 소속사는 어떻게든 그 연예인과 재계약을 하기 위해 계약조건을 변경해서라도 오래 붙잡으려 할 것이다.

인생에 모든 관계는 모두 이처럼 갑을 관계가 보이지 않게 바탕에 깔려 있다. 자신의 가치에 따라 평가받기 마련이다. 억울하겠지만 **자신의 가치를 올려 어느 관계에서든 갑이 될 수 있는 위치에 서야 한다.** 물론 힘들겠지만 자고로 일이란 해내기 전에는 불가능해 보이는 법이다.

**이봐, 해봤어?
- 현대그룹 정주영 회장 -**

워라밸이라는 말은

없어져야 한다

워라밸은 '워크-라이프 밸런스(Work-life balance)'의 준말로 일과 삶의 균형이라는 뜻이다. 우리나라에는 2017년부터 유행했다. 워라밸이라는 말과 동시에 '욜로('You Only Live Once'의 앞글자를 딴 용어)'라는 말도 함께 유행했다. 나는 워라밸이라는 말이 장미와 같다고 생각한다. 겉은 예쁘게 포장되어 있지만 그것을 가지고 싶어서 잡는 순간 가시에 찔려 손이 다치고야 마는 것처럼.

워라밸이라는 말이 유행하고부터 급격히 사람들의 근무형태가 바뀌고 그에 따른 인식도 바뀌고 있다. 어느새 사람들은 일찍 출근하는 것과 늦게 퇴근하는 것을 불합리하다고 여기기 시작했다. 이것 자체가 문제라는 건 아니다. 10분이라도 일찍 도착하거나 5분이라도 늦게 퇴근하면 손해를 본다는 생각을 하게 되었다는 것이 문제다.

주거 형태도 바뀌고 있다. 직장과 집의 거리가 멀다는 이유 혹은 퇴근 이후 개인 시간의 부족을 이유로 부모님 집에서 독립해 자취를 하는 1인 가구가 급격히 늘어났다. 이것 또한 1인 거주 자체가 문제라는 것이 아니다. 급여가 250만 원 수준이지만 50만 원이 훌쩍 넘는 월세를 부담하고 있다는 것이 문제다.

이런 문제뿐일까? 워라밸을 변명 삼아 정해진 근무 시간 이외에는 업무적 자기계발을 자발적으로 멈춰버린 젊은이들이 한둘이 아니다. 평생 근로자로 남고 싶은 사람은 없다. **근로자는 꾸준한 자기계발과 업무 능력 향상을 인정받아 어느 순간에는 관리자가 되거나 전문분야를 활용해 자영업자가 되어야 한다.** 관리자나 자영업자가 되고 나면 자신의 조직 혹은 매장을 시스템화하고 다른 사람에게 위임해서 나 없이도 꾸준히 소득을 창출할 수 있는 구조를 만들어내고 그 능력을 인정받아 따르는 사람들과 함께 기업가가 되어야 할 것이다. 기업가가 된 이후에는 돈이 돈을 만들 수 있는 투자가의 길을 걸어야 한다. 나는 이것이 진정한 의미의 워라밸이라고 생각한다.

일과 삶의 균형을 맞추는 것도 중요하지만 이것이 나태해져도 괜찮다는 뜻은 아니다. **워라밸을 방패 삼아 자신의 나태함에 명분을 만들어내는 일은 없어져야 한다.**

과거 꼰대 시절에는 '엉덩이가 무거워야 돈을 많이 번다'고 했다. 징그럽다는 이야기를 들을 정도로 무식하게 일을 했어야 했다면 현재는 무작정 오래 일을 한다고 해서 돈을 많이 버는 시대가 아니다. 또 현재 MZ세대는 새로운 아이디어와 창의적인 사업 아이템들로 돈을 벌고 있지만, 무작정 새로운 것만 추구해야 돈을 버는 것도 아니다.

지금 우리에게 가장 중요한 것은 **내가 진정으로 꽂혀 있는 어느 한 분야를 빠르게 찾는 것**이다. 그것이 새로운 것이든, 과거의 것이든 상관없다. 그리고 그것을 찾았을 때 **내가 가질 수 있는 나만의 차별화된 포인트가 무엇인지**를 알아내야 한다. 그리고 독보적으로 자리를 잡기 전까지는 엉덩이를 떼면 안 된다. 그게 몇 달이 걸리든 몇 년이 걸리든 말이다. 비로소 자신만의 무기가 완성되었을 때, 그것이 시스템으로 만들어져 사람들이 나를 찾아오게 만들 수 있는 환경이 조성되었을 때야말로 진정한 워라밸을 추구해도 늦지 않다.

워라밸보단 머라밸(Money-life balance).

부자가 되기
싫은 사람은

없다

 살다 보면 종종 돈이 꼭 필요한 건 아니라고 이야기하는 사람을 만난다. 열심히 사는 사람에게 "왜 그렇게 애쓰며 사냐"고 묻는 사람을 만나기도 하고, "그렇게 악착같이 돈 벌어서 뭐 할 거냐"고 질문하며 본인의 나태함을 포장하는 사람도 있다.

 돈이 아닌 가치를 추구하는 예술가에게조차도 돈은 중요하고, 무소유를 추구하는 스님에게도 돈이라는 재화는 살아가는 데 있어 최소한의 생존 대책이 된다.

 꼭 이런 사람들이 말과 달리 매일 아침 피곤한 몸을 이끌고 투덜거리면서 직장에 출근한다. 음식점을 고르더라도 가격이 저렴하고 양을 많이 주는 가성비를 따지고, 쇼핑을 할 때도 조금이나마 더 저렴한 것을 찾으려 몇 시간을 컴퓨터 앞에서 보낸다.

사람에 따라 인생에 있어 돈이 그다지 중요하지 않은 사람도 있을 수 있다. 하지만 돈이 아예 필요 없는 사람은 없다. **돈은 내 주변 사람을 지키는 힘**이다. 우리 가족을 더 크고 안전한 집에서 살 수 있게 해주고, 위험천만한 교통사고에서도 목숨을 지켜줄 수 있는 안전한 차를 탈 수 있게 해준다. 부족하지 않게 먹어서 건강하게 해주고, 춥지 않게 입어서 얼어 죽지 않게 해준다.

돈이 없어서 죽을 듯이 힘든 사람은 있어도, 돈이 많아서 죽는 사람은 없다. 제발 자신에게 솔직해졌으면 좋겠다. 그렇다고 인생에서 무조건 돈만 좇으라는 것은 아니다. 부자가 되지는 못할지언정 돈을 소중히 여기고, 어떻게 하면 내 인생에서 조금 더 돈과 가까워질 수 있을까 하는 생각을 꼭 해야 한다는 이야기다.

우리가 태어나고 자라면서 20살이 될 때까지 교육을 받는 이유는 직업을 찾기 위해서다. 또 성인이 되어서 취직을 하고 커리어를 쌓는 이유는 일을 오래 하기 위해서다. 일을 오래 하겠다는 것은 꾸준한 소득을 바라기 때문이다. 그렇게 돈을 버는 궁극적인 이유는 은퇴를 하기 위해서다. 죽을 때까지 일할 수 있는 사람은 없으니까.

사람 욕심에 100만 원을 벌면 200만 원을 벌고 싶고, 200만 원을 벌면 500만 원을 벌고 싶다. 월에 천만 원을 버는 게 꿈이었던 사람은 천만 원을 버는 순간 2천만 원을 목표로 삼는다.

　국산 차를 타던 사람은 당연히 외제 차 타는 사람을 부러워할 것이고, 부모님에게 용돈을 드릴 수 있을 만큼 여유로운 삶을 싫어하는 사람은 대한민국 어디에도 없을 것이다. 그런데 대부분의 사람은 자신이 200만 원밖에 못 버는 이유를 회사 탓, 환경 탓, 나라 탓으로 미룬다.

　2024년 기준 직장인 평균 연봉은 4천만 원 정도이다. 더불어 억대 연봉을 받는 직장인도 130만 명을 돌파했다. 자영업자, 사업가 등을 포함하면 대한민국에 억대 연봉을 받는 인원이 꽤 적지 않다는 이야기다. 우리나라 인구수 5천만 명을 기준으로 보자면 50명 중 1명은 억대 연봉이라는 소리다. 그럼 적어도 내가 **남들만큼만 하면 연봉이 4천만 원을 돌파**할 수 있다는 것이고, **50명이 한 반인 교실에서 열심히 노력해 1등을 하면 억대 연봉을 달성**할 수 있다는 소리다.

　2022년 네이버, 유튜브 등에서 부동의 검색어 1위 카테고리가 '자기계발'이라고 한다. 나는 이 현상을 매우 긍정적으로 본다. 지금까지는 눈에 보이지 않는 신분, 성별 등에 사람들이 한계를 느끼면서 자신들의 능력을 규정짓고 살았다면, 이제는 출신이나 학력에 상관없이 고소득을 만들 수 있다는 근거가 수도 없이 생겼다는 뜻이다.

　밑바닥에서 시작해 수십억 자산가가 된 사람부터, 200만 원부터 시작해 억대 연봉까지 단기간에 달성한 직장인 등 유튜브에 조금만 검색해도 수두룩한 사례를 확인할 수 있다. 희망이 생겼다는 뜻이다.

그러니 이제 그만 마음 깊숙이 숨겨 놓은 **'부자가 되고 싶다'는 열망을 인정하고 받아들여라.** 내 소득을 올리려고 노력하는 행위는 절대 창피한 게 아니다. 돈은 내가 사랑하는 사람들을 지키는 아주 강력한 방패가 되어준다는 것을 명심했으면 좋겠다.

**3억 가진 사람이 마시는 소주는 겸손하지만
3만 원 가진 사람이 마시는 소주는 불쌍하다.
- QM -**

우리는 회사의 소모품이 **아니다**

우리나라 초중고 학생들이 가장 많이 듣는 가스라이팅이 "커서 뭐 되고 싶어?"라고 한다. 뭐가 되고 싶지 않을 수도 있는데 꿈을 강요한다고 말이다. 나도 어느 정도 동의하는 바다. 아직 경험도 얼마 없거니와 선생님이나 부모님은 공무원이 되거나 대기업에 들어가라고 하는데 커서 뭐가 되고 싶은지 어린아이들이 어떻게 알 수 있겠는가.

또 우리나라 직장인들이 가장 많이 듣는 가스라이팅은 "회사를 위해 살아가야 한다"는 말이라고 한다. 회사와 사업장을 운영하는 내가 이야기하니 어폐로 느껴질 수도 있지만, 난 명확히 말할 수 있다.

'회사를 위해서가 아니라 온전히 자신을 위해 살아야 한다.'

애사심, 애국심이라는 단어에 강요당해 본인을 희생할 필요 없다.

회사를 아끼는 마음이 강하다고 해서 하루에 16시간씩 근무하며 월급을 100만 원만 받아도 괜찮은 사람은 그 어디에도 없다. 나라에 충성하는 마음에 무급으로 일하다 전쟁에 나가 전사하길 바라는 군인도 없다. 우리는 필연적으로 어느 집단에 소속될 수밖에 없지만 대부분의 사람은 내 영혼을 깎는 대가로 금전적 보상이면 충분하다고 생각한다. 그렇게 생각하는 건 너무 단편적이다.

사람이 가진 가능성은 무한하다. 달동네 출신이라고 평생 달동네에서만 살아야 한다는 법은 없다. 빈민촌 출신 백만장자는 유튜브에만 검색해도 수천 명이 나온다. 공무원, 직장인이라고 부자가 될 수 없는 건 아니다. 공무원 출신 건물주, 월급 200만 원 받던 건물주 등 자수성가한 사람들은 차고 넘친다.

우리는 회사의 소모품이 아니다. 그렇다고 회사에 부정적 관점을 가지라는 것도 아니다. 맡은 바 최선을 다하되 궁극적으로 지금 하고 있는 일 또는 업무가 본인에게 어떤 장점으로 작용할 것이며, 차후 나를 어떤 사람으로 만들어줄 것인가에 대해 끊임없이 분석하고 연구해야 한다는 뜻이다. 만약 회사가 본인의 성장을 억제하면서까지 회사의 발전을 요구한다면 주저하지 말고 그 회사를 떠나라.

나아가 회사가 나를 필요로 하며 특정한 것들을 요구하듯, 나도 회사에 필요한 것이 있다면 당당히 요구해야 한다. 회사와 직원은 채용

관계에 있긴 하지만 상호보완 관계이기도 하니 말이다. 더 이상 대기업, 공무원 등 간판이 중요한 세상은 사라지고 있다. 개인의 이름이 명함이 되는 세상으로 바뀌어 가고 있으며 그만큼 **개인의 능력이 매우 중요해지고 있다.** 그러니 지금 내가 소속된 집단에서 쓰이다 버려지는 삶을 택하지 말아야 한다.

사람은 태어날 때 모두가 웃고, 죽을 때 모두가 우는 삶을 살아야 비로소 잘산 거라고 한다. 첫 시작에는 서로 잘 모르니까 의심을 가지고 시작하지만 이직하거나 퇴사를 할 때는 모두가 아쉬워서 잡는 사람이 되어야 하지 않을까?

요즘 직장인들 사이에 우스갯소리로 떠도는 말이 있다. 그것은 바로 '회사 인간'이라는 단어다. '조직 내에서 주어진 일만 묵묵히 수행하는 수동적인 존재'를 말한다. 물론 모든 직장인이 그렇다는 건 아니지만 대다수의 직장인이 공감하는 분위기다. 심지어 어떤 사람들은 노예 근성이라며 비난하기도 한다.

나 역시 한때는 그랬다. 시키는 일만 하고 퇴근하면 끝이라고 생각했다. 업무 외엔 딱히 신경 쓸 필요가 없다고도 여겼다. 그저 월급 받는 만큼만 일하고 책임질 일은 만들지 않는 게 상책이라고 믿었다. 그랬던 내가 지금은 달라졌다. 아니, 달라져야 한다고 생각했다. 이제는 시대가 바뀌었기 때문이다.

예전과는 달리 평생직장의 개념이 사라지면서 이직이 빈번해졌다.

따라서 **개인의 능력 계발 및 자기계발이 필수적인 요소**가 되었다. 만약 그러지 않으면 도태될 수밖에 없다. 절대 현재 다니는 회사에서 인정받는다고 안심해선 안 된다. 우리는 언제 어디서 또다시 새출발을 해야 할지 모르기 때문이다. 그러니 **끊임없이 배우고 성장해야 한다.** 그래야 살아남을 수 있다.

짧아지면 버려지는 필통 속에 연필보단 필통으로 사는 게 낫지 않을까?

나답게 일하는 방식을 정하라

회사생활을 하다 보면 가끔 회의감이 들 때가 있다. 내가 지금 뭘 하고 있는지 모르겠다는 생각이 들 때면 더더욱 그렇다. 그럴 때일수록 **자신만의 기준을 확실히 세우고 일해야 한다.** 그래야 슬럼프에 빠지지 않고 꾸준히 성장할 수 있다. 그럼에도 불구하고 여전히 갈피를 잡지 못하고 있다면 다음 3가지 질문에 답해보라.

첫째, 당신에게 있어 일이란 무엇인가?
둘째, 당신은 누구인가?
셋째, 당신은 어디에 있는가?

먼저 첫 번째 질문에 대한 답을 살펴보자. 만약 당신이 일하는 이유가 '돈을 벌기 위해서'뿐이라면 평생 만족스러운 직장생활을 하기 어렵다. 노력하는 자는 즐기는 자를 이길 수 없다는 말이 괜히 있는 게 아니다. 물론 생계유지를 위해 어쩔 수 없이 다니는 거라면 모를까 **이왕이면 즐겁게 일할 수 있는 환경을 만들어 나가야 한다.** 그러기 위해서는 지금 하고 있는 일이 좋아해서 하는 일인지, 잘해서 하는 일인지를 먼저 알아야 한다. 그리고 선택해야 한다. 좋아하는 일을 할 것인가, 잘하는 일을 할 것인가를 말이다.

두 번째 질문에서는 **자기 자신에 대해 좀 더 깊이 있게 들여다볼 필요**가 있다. 평소 스스로 성격이 급하다고 느낀다면 일 처리 속도를 조금 늦추고 신중하게 행동해보자. 반대로 느긋한 편이라면 빠른 판단력과 추진력을 발휘해보자. 사람마다 성향이 다르기 때문에 사회가 정한 속도에 나를 맞추다 보면 숨이 차기도 하고, 거꾸로 너무 답답하게 느껴지기도 한다.

인생은 타인들과 경쟁하는 100m 달리기가 아니라 자기 자신과의 싸움인 42.195km의 마라톤이다. 타인의 기준에 휘둘릴 필요가 전혀 없다는 이야기다. 스스로에게 기준을 마련해주어야 한다.

마지막으로 현재 위치를 확인했다면 앞으로 나아갈 방향을 정해야 한다. 이때 주의할 점은 **타인의 만족을 위한 방향을 설정해서는 안 된**

다는 것이다. 부모님이 좋아하는 직업, 친구들이 자랑스러워하는 커리어 등 어쩔 수 없이 타인의 시선을 의식해 자신의 미래 방향을 설정하는 이들은 당장 만족할 수는 있겠지만 오래도록 행복할 수 없다. 결국 그들의 인생이 아닌 본인의 인생이기 때문이다. 남들이 좋다고 하는 길을 따라가기보다는 오직 자신만이 잘할 수 있는 분야를 개척하길 바란다.

나는 이 3가지 질문에 대한 답을 찾는 데 굉장히 오랜 시간이 걸렸다. '나에게 일은 무엇인가?'라는 질문은 첫 직장을 가졌던 19살에 했다. 24살 무렵까지 나에게 그 답은 '그저 먹고살기 위한 수단'에 그쳤다. 하지만 25살쯤부터 그 답이 바뀌기 시작했다. '내가 사랑하는 사람을 지킬 수 있는 돈이라는 수단을 벌게 해주는 업'으로, 또 '내가 눈 뜨고 눈 감을 때까지 내 심장을 뛰게 만들어주는 삶 그 자체'로까지 말이다. 그리고 현재는 이렇게 정의하고 있다.

'하기 싫은 이유 99가지보다 하고 싶은 이유 1가지로 나를 움직이게 만들어주는 원동력.'

첫 번째 질문에 답을 찾으니 두 번째, 세 번째 질문에 대한 답은 정말 쉽게 찾아졌다. '나는 누구인가?'라는 질문에는 '나는 나다!'라고 자신 있게 대답할 수 있었다. 솔직히 말해보자. 누군가 '당신은 누구인가?'라고 묻는다면 굳이 휘황찬란하게 대답할 필요가 있을까? 나는 나일 때 가장 멋지다. 마지막으로 '당신은 어디에 있는가?'라는 질문에는

'내가 원하는 삶을 사는 세상'에 있다고 답했다.

　세상엔 두 부류의 사람이 있다. 자신이 원하는 삶을 사는 사람과 타인이 원하는 삶을 꼭두각시처럼 사는 사람. 전자는 스스로 선택했기에 결과가 어떻든 후회가 없을 것이지만 후자는 다르다. 남에게 휘둘리며 살았기에 늘 공허함을 느낀다. 물론 후자라고 해서 모두 불행한 건 아니다. 다만, 행복감을 느끼는 빈도수가 적을 뿐이다. 만약 지금까지 누군가 정해놓은 길을 걸어왔다면 이제부터라도 자신이 진정 원하는 길은 무엇인지 고민해보길 바란다. 그리고 **용기 내어 새로운 도전을 해보자.** 비록 당장은 힘들겠지만 과정에서 겪는 역경과 시련들은 분명 값진 경험이 될 것이다.

저는 누워서 업무를 볼 때 가장 일이 잘 돼요. 누워서 일해도 항상 1등을 하면 아무도 뭐라고 못하지 않을까요?

진짜 실패는

도전하지 않는 것이다

세상 모든 일은 내가 마음먹기에 달려있다. 똑같은 상황이라도 받아들이는 사람에 따라 전혀 다르게 해석될 수 있기 때문이다. 그만큼 마음가짐이 중요하다는 의미일 것이다. 하지만 살다 보면 누구나 크고 작은 어려움에 부딪히게 마련이다. 그럴 때면 쉽게 좌절하게 되고 포기하고 싶은 마음이 굴뚝같아진다.

이때 필요한 것이 **긍정적인 마인드**다. 자신감을 갖고 도전하면 반드시 좋은 결과가 뒤따른다. 물론 쉽지 않다. 당장 눈앞에 닥친 시련 앞에서 초연해지기란 결코 쉬운 일이 아니기 때문이다. 그럼에도 불구하고 끊임없이 노력해야 한다. 그래야 원하는 바를 이룰 수 있다. 이것이 지금까지 내가 살아오면서 깨달은 진리다. 따라서 지금 당장 힘들고 괴롭더라도 긍정적인 마음가짐을 갖는다면 충분히 이겨낼 수 있다.

반대로 조금만 힘들어도 쉽게 포기한다면 결국엔 아무것도 이룰 수 없다. 그러니 **자신감을 갖고 도전하자.** 비록 남들보다 뒤처져 있더라도 절대 좌절해선 안 된다. 대신 끊임없이 노력해야 한다. 그러면 반드시 좋은 결과가 찾아올 것이다.

내가 24살에 영업사원으로서의 삶을 시작하려고 직장에 사표를 낸 날 저녁, 어머니가 내게 말씀하셨다.

"아들아, 너는 지금 어린 나이에 안정적인 직장에 다니고 있고 월급도 남들보다 많이 받고 있지 않니? 조금만 더 안정적으로 벌다가 네가 하고 싶은 도전은 나중에 해보는 것이 더 좋지 않겠어?"

그때 나는 이렇게 대답했다.

"지금이 아니면 언제요? 실패하더라도 한 살이라도 더 젊을 때 실패하는 것이 오히려 더 안전하다고 생각해요, 엄마. 시간이 지나면 지금만큼의 추진력과 열정을 가지지 못할 것 같은데, 지금이 아니면 대체 언제요?"

나는 아직도 이 말을 많은 사람에게 해주고 싶다. **우리 인생에 모든 결심과 실행에 '나중에'란 없다.** 말 그대로 지금이 아니면 안 된다.

나의 지인 중에 늘 새로운 일에 도전하시는 분이 있다. 그분은 나이 50이 넘은 지금도 여전히 공부하신다. 대학원에 다니고 자격증 시험도 준비한다. 심지어 최근에는 바리스타 자격증까지 따셨다고 한다. 정말 대단하다는 생각이 들었고, 한편으로는 부럽기도 했다. 항상 '도전하는 삶을 살아야 한다'라고 이야기하지만 나조차도 때로는 도전이 어려울 때가 있기 때문이다. 그래서 그분에게 물어봤다.

"어떻게 그렇게 매 순간 도전하세요?"

지인은 천진난만한 얼굴로 이렇게 답하셨다.

"인생은 오늘이 가장 젊잖아요. 살면서, 가슴이 뛰어서 시간 가는 줄 모르고 살았던 순간들을 생각해보니 무언가 새롭게 도전하는 순간이더라고요. 그래서 공부하고 도전합니다. 죽을 때까지 가슴 뛰는 삶을 살고 싶어서요."

망치로 머리를 맞은 듯했다. 그때 깨달았다. 마음을 먹었으면 실행해야 한다는 것을….

생각이 길면 용기는 사라지는 법이다. 그러니 망설여진다면 스스로에게 끊임없이 질리도록 질문해야 한다.

"왜 그렇게 망설여? 지금이 아니면 언제 하려고?"

하지 않고 후회하는 것은 문신과도 같아서 지워지지 않는다. 하지만 해보기라도 하고 후회하는 것은 얼룩이기에 지워진다. 그리고 실행하는 습관이 들기 시작하면 어떠한 상황이 생겨도 시련과 어려움을 이겨낼 수 있는 역경지수가 상승할 것이다. 어쩌면 진짜 실패는 도전하지 않는 것일지도 모르겠다.

**성공하지 못하는 게 실패가 아닙니다.
가장 큰 실패는 도전하지 않는 것이죠.
- 전 프로야구 선수 이대호 -**

직장이 아닌 **직업을 가져라**

이 글을 읽고 필자가 전달하고자 하는 의미를 이해한다면 여러분의 인생이 180도 바뀔 것이라고 자신할 수 있다. 내가 이 책을 통해 여러분에게 전하고자 하는 이야기의 요지는 이렇다.

우리는 삼성전자의 삼성맨이 아니며 구글에 다니는 구글러가 아니다. 자신을 소개할 때 애플에 다니고 있는 '애플 직원 홍길동'이라고 설명해선 안 된다. 우리는 전기기능 전문가여야 하고, 브랜드 마케팅 전문 머천다이저여야 한다. **우리가 다니는 회사가 우리를 대신해줄 수 있는 명함이 아니며 인생의 마지막 목표가 아니라는 뜻이다.**

직업이 아닌 직장을 가진 사람은 인생의 선택권이나 방향이 직장에 매여있다. 회사가 망하거나 자신이 가고자 하는 비전과 어울리지 않는 방향으로 사업성이 정해진다면 어떻게 할 것인가? 만약 직장이 아닌 직업을 가진 사람이라면, 자신이 가진 능력으로 같은 업계의 타 회사로 이직하거나 그 능력을 살려 전문 업체를 설립할 수도 있다. 세상에서 가장 중요한 건 '나로서 완벽한 사람이 되었을 때 주변의 존재들에게 '누군가'가 되어줄 수 있다는 것이다.

우리는 모두 직장이 아니라 직업을 가져야 한다. 유통기한이 정해져 있는 식품으로 살아가지 말고 우리가 식품을 만들어낼 수 있는 공장이 되거나 더 나아가는 그 공장을 관리하는 주인이 되어야 한다.

평생 부모님에게 효도한다는 명목으로 결혼도 못 하고 부모님을 모시고 사는 사람은 진정한 의미의 효도를 하는 것이 아니며 본인의 삶을 사는 것도 아니다. 회사에 충성한다는 이유만으로 본인의 월급까지 갈아 넣으며 실적을 채우는 영업사원은 회사로부터 인정받는 영업사원이 아니다.

내가 수년간 영업사원으로 생활하며 느낀 점은 수십 년을 회사를 위해 헌신하다가 퇴사해도 그저 한낱 '퇴사한 직원'이 된다는 것이었다. 이제는 영리를 목적으로 하는 기업의 특성을 이해하기에 전혀 서운하지 않지만, 과거에는 그 사실을 부정하며 '언젠간 회사에서 내 공을 인정해주고 내 노후를 보장해줄 거야'라는 생각을 했었다. 대부분의 직장인이 현실에 안주하며 사는 이유도 이와 비슷할 것이다. 무의식 속 어딘가에는 내가 어떻게 되더라도 도와줄 회사와 가족 등이 있다고 믿기 때문이다.

하지만 **세상은 생각보다 냉정하다.** 코로나가 터지고 기업들이 첫 번째로 시행한 건 기계나 설비를 정리하거나 광고 비용 등을 줄이는 것이 아니라 인원 감축이었다. 그로 인해 실직자들이 속출했다. 코로나 이후 온라인 스토어 사업자, 유튜버들이 급증한 이유이기도 하다. 인정하기 싫겠지만 내가 소속된 직장만 믿고 인생을 살아가기에는 세상이 너무 잔인하다.

또한 회사가 판단하는 나의 유통기한이 지나면 철저히 버림받을 가능성이 높다. 직장으로부터 버림받지 않고 꾸준히 쓰임을 당하려면 나의 능력을 지속적으로 증명해야 하며 회사의 방향과 나의 시선을 일치시켜야 한다. 만약 반드시 그래야 한다면 또는 그렇게 할 거라면 회사를 위해 능력을 증명하기보다 개인의 브랜드를 키우고 능력을 향상시키는 편이 더 효율적이지 않을까?

그것이 내가 여러분에게 제안하는 방법이다. 이제는 **단체보다 개인이 중요한 시대**가 도래했다.

과거에는 면접을 볼 때 개인이 회사에 무엇을 줄 수 있는지 어필해야 했다. 그러기 위해 수많은 커리어를 쌓아야 했고 책자 수준의 자기소개서로 자신을 증명해야 했다. 이렇게 준비를 해도 엄청난 경쟁률을 뚫기 버거웠다. 하지만 지금은 다르다. 개인의 개성 혹은 커리어를 인스타그램, 블로그에 기록해두면 그 글을 보고 기업 채용 담당자가 다이렉트 메시지 혹은 소셜미디어 쪽지로 채용 의사를 건네기도 한다. 유튜버 개인의 채널이 향후 가치를 인정받아 20억 원에 판매되기도 하고, 양측 보험사가 한문철 변호사의 능력을 인정해 과실비율을 정할 수 있도록 권한을 위임하는 사례도 있다. 대기업이 제품을 홍보하기 위해서 TV보다 그 분야에 영향력 있는 유튜버 혹은 인플루언서들에게 광고를 요청하는 세상이다.

이 책의 끝자락에나마 진정한 의미를 전달하고자 한다. 이 책은 사업을 하거나 직장으로부터 얼른 독립하라고 부추기는 책이 아니다. '어느 직장의 누구'로 인생을 살아가기보다 **자신을 하나의 브랜드로 바로 세우고 살아가야 한다**는 뜻을 주장하는 책이다.

프로그램 개발자들은 첫 직장에 취업할 때 연봉을 중요하게 생각하지 않는다고 한다. 첫 직장에서 쌓은 커리어로 높은 연봉 대우를 받아 이직하는 것이 목표이기 때문이다.

나는 2개의 회사를 운영하지만 명함에 회사 이름이 적혀 있지 않다. 바이어나 새로운 사람을 만나서 명함을 교환할 때도 회사 이름을 이야기하며 나를 소개하지 않는다. '장경빈'이라는 사람을 설명한다. 나도 과거엔 나보다 회사를 먼저 소개했었지만 내가 이직을 하거나 회사가 대외적으로 이슈가 생겼을 땐 고난을 면치 못했다. 하지만 나라는 사람을 소개하고 다니고 나서부터는 그런 어려움이 모조리 사라졌다. 직장이 아닌 직업을 가진 사람이 되었기 때문이다. 그때서야 내가 되고자 하는 내가 될 수 있었다.

에필로그

　내가 이 책을 쓰게 된 이유는 간단하다. 돈이라는 것을 순수하게 추구하기 시작한 후부터 내가 겪은 많은 시련과 아픔, 시행착오들을 공유해 많은 사람이 경제적 자유에 도달하기까지의 시간을 단축했으면 좋겠다는 바람 때문이다. 또 어린 나이부터 고정급이라는 안정적인 보상을 내려놓고 세상에 나와 수년간 겪고 부딪히며 얻어낸 인사이트들을 많은 사람과 나누고 싶었다.

　경제적 자유라는 눈에 보이지 않는 무형의 가치를 좇는 과정은 생각보다 높은 난이도를 가진 역경의 연속이었다. 그런 어려움을 맞닥뜨릴 때마다 헤쳐나가기 위해 나 또한 이미 성공했거나 경제적 자유를 이룬 사람들의 영상과 책을 참고했다. 상당 부분 많은 방향에서 도움을 얻은 것이 사실이다.

　하지만 2025년을 살아가는 대혼란의 세대인 우리의 입장을 100% 이해하고 조언해주는 사람은 없다고 판단했다.

'세상은 우리에게 부지런해지라고 말하지만 나태한 사람들과 함께 갈 수밖에 없다.'

'겸손하고 정직하라고 말하지만 부정부패가 가득한 세상에 살고 있다.'

'편협한 생각에 갇혀 있지 말라고 이야기하지만 무자비한 꼰대 문화를 견디기가 참 어렵다.'

'새로운 걸 좇아야 한다고 이야기하지만 MZ들은 어느새 무개념 세대처럼 인식되고 있다.'

'아껴 써야 한다고 말하지만 물가와 월세는 버티기 힘들 만큼 올랐다.'

'성공해서 서울로 가야 한다고 하지만 서울 집값은 감히 엄두를 낼 수 없을 만큼 비싸졌다.'

그럼에도 불구하고 우리에게는 지금까지와는 다르게 시대를 역행하는 한 가지 새로운 희망이 생겼다. 지금은 단군 이래 가장 부자가 되기 쉬운 시대다. 그 어느 때보다 눈에 보이지 않는 신분과 계급의 경계가 사라지고 있다. 부정할 수 없을 만큼 높아진 물가와 집값, 더 이상 밑에서 버텨내기 어려운 세대부양 부담이 있지만 전에는 상상할 수 없을 만큼 이른 나이에 성공을 할 수 있는 많은 인프라가 구축되어 있고 때로는 넘쳐흐를 만큼의 정보가 세상에 떠다니고 있다. 버튼 하나만 누르면 전 세계 부자들의 강의를 집에 앉아서 볼 수 있고 명저들을 읽을 수 있다. 더불어 공간의 제약이 사라지고 더 이상 나이도 중요하지 않아졌다. 어떨 때는 똑똑하게 성실한 사람에게 성공이 제 발로 찾아오기도 한다.

이 책의 서두에 '꼰대와 MZ는 다르지 않다'고 했다. 서로가 가진 장점을 각각 바라볼 수 있는 계기가 되었다면 이 책은 그 의미를 다 했다고 생각한다. 그리고 앞으로 세상을 이끌어갈 2030세대들은 맡은 바 임무를 책임감 있게 하고, 설령 돈으로 환산되지 않는 작업이라도 마무리 짓는 뚝심이 필요하다. 더불어 항상 익숙한 것에 갇혀 있지 말고 새로운 것을 추구할 수 있는 진취적인 마인드를 가졌으면 좋겠다.

그런 사람이 되었을 때 우리는 전에 기대해볼 수 없었던 높은 소득과 경험해보지 못한 자유를 얻게 될 것이다. 우리는 이미 '단체'가 아닌 '슈퍼 개인'이 중심이 되는 세상에 살고 있으니까.

생각이 많아질수록 실행이 답이다

2025년 7월 2일 초판 1쇄 인쇄
2025년 7월 9일 초판 1쇄 발행

지은이 | 장경빈
펴낸이 | 이종춘
펴낸곳 | (주)첨단

주소 | 서울시 마포구 양화로 127 (서교동) 첨단빌딩 3층
전화 | 02-338-9151
팩스 | 02-338-9155
인터넷 홈페이지 | www.goldenowl.co.kr
출판등록 | 2000년 2월 15일 제2000-000035호

본부장 | 홍종훈
편집 | 문다해, 박지아
교정 | 정윤아
표지 디자인 | 바이텍스트
본문 디자인 | 조수빈
전략마케팅 | 구본철, 차정욱, 오영일, 나진호, 강호묵
온라인 홍보마케팅 | 이지영
제작 | 김유석
경영지원 | 이금선, 최미숙

ISBN 978-89-6030-650-9 03320

- BM 황금부영이는 (주)첨단의 단행본 출판 브랜드입니다.

- 값은 뒤표지에 있습니다. 잘못된 책은 구입하신 서점에서 바꾸어 드립니다.
- 이 책에 나오는 표현, 수식, 법령, 세법, 행정 절차, 예측 등은 오류가 있을 수 있습니다. 저자와 출판사는 책의 내용에 대한 민/형사상 책임을 지지 않습니다.
- 이 책은 신저작권법에 의거해 한국 내에서 보호를 받는 저작물이므로 무단 전재 및 복제를 금합니다.

> 황금부영이에서 출간하고 싶은 원고가 있으신가요? 생각해보신 책의 제목(가제), 내용에 대한 소개, 간단한 자기소개, 연락처를 book@goldenowl.co.kr 메일로 보내주세요. 집필하신 원고가 있다면 원고의 일부 또는 전체를 함께 보내주시면 더욱 좋습니다. 책의 집필이 아닌 기획안을 제안해주셔도 좋습니다. 보내주신 분이 저 자신이라는 마음으로 정성을 다해 검토하겠습니다.